L'œil du cyclone
Hélène A. DUCHÊNE

L'œil du cyclone
Hélène A. DUCHÊNE

©Hélène A. DUCHÊNE, 2025

Édition : BoD · Books on Demand, 31 avenue Saint-Rémy, 57600 Forbach, bod@bod.fr

Impression : Libri Plureos GmbH, Friedensallee 273, 22763 Hamburg (Allemagne)

ISBN : 978-2-3225-3519-4

Dépôt légal : Juin 2025

Illustration couverture : ©C Com'Cléa

À mes fils,
À mon papa,
À toi mon Amoureux, mon Ami.

J'affronterai ma peur.
Je lui permettrai de passer sur moi, au travers de moi.
Et lorsqu'elle sera passée,
Je tournerai mon œil intérieur sur son chemin.
Là où elle sera passée il n'y aura plus rien.
Rien que moi.

(« Litanie contre la peur », Dune, Frank Herbert)

Trouverais-tu cruel
Que le doigt sur la bouche
Je t'emmène, hors des villes
En un fort, une presqu'île
Oublier nos duels
Nos escarmouches
Nos peurs imbéciles

Il est un estuaire
Un long fleuve de soupirs
Où l'eau mêle nos mystères
Et nos belles différences
J'y apprendrai à me taire
Dans cet autre Finistère
Aux longues plages de silence

(L'autre Finistère, Les Innocents)

Dimanche 15 septembre 2024

22h44, message de Claire à Thibaud

Je crois que c'est mieux de s'être dit les choses avant de partir à Ibiza, pour un dernier voyage sans non-dits ni faux-semblants.
Nous n'en pouvions plus ni l'un ni l'autre de cette situation, et cette urgence que tel que c'était il fallait que cela s'arrête, nous l'avons ressentie tous les deux, et au même moment.
Nous avons pris la "bonne" décision, mutuelle et libératrice, quelle que soit la suite.
C'est plus sain, c'est bio, c'est... nous.

Mardi 17 septembre 2024

7h22, vocal de Claire à Thibaud

J'ai réfléchi toute la nuit : finalement je ne pars pas à Ibiza avec toi, ce n'est plus possible, je suis désolée.

Il y a un mois, lorsque j'ai commencé à envisager qu'on se sépare au retour de ce voyage, j'ai ressenti une profonde libération à la perspective de me délester de tout ce poids, de toutes ces choses qui commençaient à nous abîmer et à égratigner notre amour. Se libérer de notre "non-quotidien" est un grand soulagement pour moi (tout comme il l'est certainement pour toi aussi) et c'est pour cette raison que j'ai insisté pour que l'on aborde le sujet de notre séparation avant de partir.
Tu avais peur qu'on en parle parce que tu pensais que ça allait gâcher ces derniers instants de « nous », mais je savais que crever l'abcès allait nous libérer tous les deux et qu'alors ce voyage serait tout à fait possible, au contraire ! Qu'il serait plus léger, plus serein, magnifique, avec ce soulagement d'avoir mis des mots et de ne plus se voiler la face.

Mais en réalité, pour que ce road trip soit envisageable et joli, pour que ce voyage nous ressemble malgré la décision difficile que nous venions de prendre, il fallait évidemment qu'il y ait toujours de l'amour…
Or cette donnée-là a changé dans ma cuisine dimanche soir, lorsqu'après avoir pris notre décision tu m'as avoué que tu ne savais plus si cet amour existait encore dans ton cœur ou s'il ne s'était pas transformé en

"tendresse" - mon Dieu quelle horreur ! Depuis je ne dors pas, je ne mange plus, j'ai du mal à respirer, tandis que ce mot "tendresse" résonne en boucle dans ma tête…

Je peux entendre, je peux comprendre cette « bascule » : moi aussi je l'ai sentie dans mon cœur depuis plusieurs mois. Mais j'ai toujours su qu'elle était "circonstancielle", que seule la situation avait détérioré notre bonheur d'être ensemble et qu'elle n'avait rien à voir avec mon amour pour toi, intact. J'ai toujours cru que notre amour était une évidence, même cette décision de se séparer était à mes yeux une décision d'amour.
Mais si toi tu ne m'aimes plus, si tu ressens désormais pour moi une forme de "tendresse" (voire même de pitié ?...), c'est vertigineux, un monde qui s'effondre, il n'y a plus de "nous" et bien entendu je ne *peux pas* partir dans ce contexte-là.

Vas-y seul si tu veux. Je sais à quel point tu as besoin de te retrouver, d'aller marcher, courir, nager, faire du snorkelling, de te poser un peu avant d'aborder cette nouvelle vie dans laquelle Laurence est partie rejoindre son mari en Espagne et que tu as désormais seul la responsabilité de ta fille sur les épaules, avec tout ce que cela engendre pour toi (y compris l'énorme kif qui va avec !). Tu peux même aller au concert de David Guetta et tu me raconteras… Mais moi je ne t'accompagne pas dans ce voyage.

7h48, vocal de Thibaud à Claire

Écoute ma chérie, c'est pas… c'est pas possible ça ! Non, je ne vais pas partir tout seul, on part tous les deux, c'est hors de question qu'on n'y aille pas ensemble.
Je comprends ta décision, mais elle n'est pas fondée ! Je sais qu'il y a toujours de l'amour même s'il est envahi de tristesse et d'impuissance par

rapport à cette situation impossible entre nous, qui s'est complètement détériorée depuis des mois et des mois…

Je regrette d'avoir utilisé ce mot de "tendresse" que tu as agrippé et qui te fait de la peine, je sais pourquoi je l'ai employé et ce n'était pas dans le sens "négatif" du terme, mais je comprends (et il n'y a juste, horriblement, pas de pitié !).
Je n'arrête pas de penser à toi, je n'arrête pas de penser à nous, je sais que ce qu'on fait est bizarre et inhabituel, mais je sais aussi qu'on en a besoin, qu'on est "victime" de notre amour et de ce qui nous entoure, qu'on est fait pour vivre tous les deux - et qu'à deux ! -, mais qu'aujourd'hui ce n'est pas possible parce que nous avons chacun nos enfants qui sont une priorité encore plus grande et absolue dans nos cœurs, dans nos tripes et dans nos vies, pour chacun de nous.
Nous avons la « chance » de savoir nous dire que pour l'instant ça ne marche pas et qu'il vaut mieux arrêter ça pendant quelques mois, quelques années, je… Je ne sais pas quoi dire d'autre, mais oui, on part à Ibiza ! J'en ai follement envie et si je ne ressentais que de la tendresse ou pire, de la pitié, ce ne serait pas le cas : ça me ferait fuir et tu le sais !

Même si par moments c'est un peu dur et que l'un ou l'autre a besoin de s'évader de son côté, c'est un tel bonheur de vivre cette semaine-là avec toi, de faire tous ces kilomètres ensemble dans notre van, de se retrouver sur une plage, d'être juste tous les deux même si on ne fait pas l'amour… C'est un cadeau inestimable que l'on s'offre, que l'on offre à tout ce que l'on est, à tout ce que l'on a créé ensemble, et même s'il faut que l'on se sépare ensuite, c'est juste un truc démentiel qui n'appartient qu'à nous…

Je sais que c'est compliqué pour toi, mais je voudrais que tu revois ce que tu viens de me dire… Je comprends ton message et je te comprends mais on part tous les deux mon cœur, il n'y a pas de discussion.

8h06, vocal de Claire à Thibaud

Je ne sais pas, je ne sais plus...
Je réfléchis à cette décision depuis 3h du matin, elle a été si douloureuse à prendre... J'ai... j'ai besoin de réécouter ton message, de le digérer et... je ne sais pas...
Mais merci pour ce message, quoi qu'il en soit.

16h48, échange entre Thibaud et Claire :

- Ma chérie, je ne retrouve pas mon passeport ! Je cherche partout comme un dingue depuis 30 minutes, j'en avais besoin pour nous enregistrer sur les vols, impossible de mettre la main dessus... Ça me rend fou ! Tu peux regarder dans tes affaires ?
- QUOI ??!! Oh mais non, j'y crois pas !! Je regarde dans mes affaires et je te dis !
  ...
  Non, absolument rien, j'ai même regardé par terre sous ma voiture etc... rien ! Je mets un message sur FB, au cas où...
- Je viens de refaire le tour de tous mes sacs, de ma voiture, j'ai contacté le club de Triathlon où on était ce week-end, tous les restos, la gendarmerie, l'office du tourisme... Rien !
  Hallucinant ! Putain c'est pas juste, le sort s'acharne, merde !!

Mercredi 18 septembre 2024

4h41, vocal de Claire à Thibaud

Écoute, heu… Je crois que c'est mieux en fait, tu sais…
Ce passeport que tu ne retrouves pas alors que j'étais presque en train de vaciller sur ma décision d'hier, c'est comme si l'univers nous disait : « Vous ne partez pas à Ibiza, ça suffit les conneries, on arrête le massacre ! Vous avez fait n'importe quoi de ce trésor que vous aviez entre les mains alors hop, confisqué ! Je stoppe tout avant qu'il ne soit trop tard ! C'est toujours votre amour, votre histoire, votre cadeau mais pour l'instant je le mets hors de votre portée et on verra plus tard, si vous êtes sages… »

Tu sais, ça me rappelle une poupée que mon père m'avait ramenée du Groenland lorsque j'étais petite : c'était une très jolie poupée mais assez fragile, que mes parents avaient rangée derrière une vitrine de la bibliothèque pour ne pas l'abîmer et que je puisse en profiter lorsque je serais plus grande.
J'ai cette même impression là, comme si « l'univers » nous avait offert le plus beau des cadeaux mais qu'il l'avait rangé dans la bibliothèque, en lieu sûr, en attendant que l'on soit plus "grands", que l'on soit capables de l'apprécier, de le faire vivre pleinement et presque, d'être *dignes* de lui…

D'une certaine manière, je suis soulagée, tellement soulagée que tu aies perdu ton passeport et qu'on ne puisse pas partir…

13h21, échange entre Thibaud et Claire
- J'ai essayé de voir avec Ryanair si une copie de mon passeport suffisait, vu que je n'ai plus non plus de carte d'identité, mais ils me disent que non…
- C'est fini mon amour, c'est fini. Arrête… C'est mieux comme ça, vraiment.
- Oui, je sais.

Jeudi 19 septembre 2024

7h14, message de Thibaud à Claire

Je suis tellement triste, dégouté... Totalement perdu... Je t'aime... J'ai envie de toi... Envie d'être seul, envie de partir au Val, chez nous, tous les deux, envie de rester chez moi et de bosser... Envie d'être avec toi...
Je suis paumé...

7h51, message de Claire à Thibaud

Oui, pareil. Perdue. Je passe de l'une à l'autre de mes envies, de mes émotions, c'est le bordel.

Hier soir j'ai rangé mes affaires prévues pour Ibiza, j'ai ramassé la petite robe fleurie que tu m'avais achetée à l'Île d'Yeu et que j'avais prévue d'emmener, celle que je n'avais plus remise depuis que j'avais pris du poids mais que j'étais tellement heureuse de pouvoir porter à nouveau... Je l'ai reposée sur l'étagère en pleurant, si triste, avec un tel sentiment de gâchis...

Et puis ensuite, cette nuit, j'ai cherché des endroits où partir quelques jours : des lieux de « repli sur soi », de retraite intime pour partir seule, mais je suis aussi allée jeter un œil sur le site du Center Parc des Bois Francs où je nous ai imaginés tous les deux faire du vélo, du mini golf, des balades dans

la forêt, être juste bien ensemble… Et ça me tord le bide d'envie de ça aussi…
Tu sais, de temps en temps au milieu de cette confusion il y a comme des lumières qui surgissent dans ma tête et de profonds soupirs de libération qui me traversent le corps, c'est troublant et presque marrant… J'ai le sentiment d'un truc qui se nettoie, se purifie, se libère, certes dans la douleur et le chaos mais comme si ce chaos était "nécessaire" pour que le pus de ces derniers temps s'évacue, que toutes nos peurs et nos rancœurs infectées guérissent enfin.

Par exemple, je viens de me rendre compte de quelque chose que j'ai toujours vaguement su mais dont je ne prenais pas vraiment conscience et qui me saute aux yeux depuis hier : ma plus grande peur, au-delà même de celle de perdre ton amour, c'est de *me* lasser de toi… C'est comme si j'avais toujours eu peur de *moi-même*, peur de ne pas réussir à t'aimer, ni sur le long terme ni suffisamment "comme il fallait", à la hauteur de ce que je ressentais pour toi, à la hauteur de notre amour.
Cette peur-là est présente depuis le tout début de notre histoire parce que je me connais, je connais ma capacité à me lasser de tout, tout le temps : des gens, des amis, des mecs, des boulots, des activités, de… de tout !
Mais avec toi, j'ai eu toujours cette alerte : "Pas ça, pas avec lui, non !". J'ai tellement redouté ce truc-là que seul notre « non-quotidien » me rassurait : tant que nous ne vivions pas ensemble, je ne risquais pas de me lasser, et « tout allait bien ».

Notre amour fou m'a toujours semblé aussi énorme qu'il m'effrayait : j'étais terrifiée à l'idée de le perdre un jour et il me semblait que, pour avoir une chance de le garder, il fallait que nous restions dans une « intensité » permanente qui n'était évidemment pas compatible avec un quotidien… Ainsi, il m'était impossible de me projeter dans un avenir avec toi lorsque que nos enfants respectifs auraient quitté la maison, j'avais toujours un pied sur le frein et toi, évidemment, tu ne pouvais pas y croire non plus.

J'ai eu tellement peur de la lumière dingue de cet amour que je ne me suis finalement jamais vraiment "*engagée*" pour lui. J'ai tout mélangé, tout confondu, je me suis pris les pieds toute seule dans le tapis...

J'ai la sensation d'avoir bien contribué à ce gâchis, de n'avoir peut-être pas été à la "hauteur" de cet amour, comme engluée dans mes peurs de moi-même : elles m'ont terrifiée, tétanisée, elles ne m'ont jamais quittée et elles ont nourri notre éloignement réciproque, ta frustration, ma culpabilité, nos reproches, notre rejet mutuel l'un de l'autre...

Même si je sais que je ne suis pas seule dans cette histoire, c'était important que je te le dise, là, maintenant.

C'est aussi la première fois que je comprends pleinement ta colère, celle qui est montée en puissance toutes ces années (même si tu essayais tant bien que mal de la mettre sous le tapis !), j'en ressens la légitimité, elle est enfin comprise, reconnue, "accueillie".

Je vois à quel point tu as lutté contre tes envies, tes besoins de moi et de nous, tes frustrations que je ne sois pas là assez souvent ou que je ne puisse pas me projeter dans un avenir avec toi. Tu as lutté contre cette colère qui montait en toi et que tu cherchais à refouler, refusant de la laisser s'installer entre nous.

Sans auto-flagellation, je peux enfin prendre aussi ma part de *responsabilité* alors que jusque là, lorsque je percevais ta colère sous-jacente, latente, je passais automatiquement en mode défensif : "Oui mais moi... Oui mais moi...!" : j'étais pleine de reproches envers toi parce qu'au fond une partie de moi se sentait coupable et que c'est plus facile d'attaquer l'autre que de se regarder dans un miroir.

Reconnaitre la légitimité de ta colère me permet de sortir de la culpabilité et donc du mode défensif, et d'être plus juste envers toi et moi.

15h26, vocal de Thibaud à Claire

J'ai mis un peu de temps à écouter, je déjeunais avec mes enfants. Merci pour ce message, merci de tes prises de conscience.

Les mots "pas à la hauteur" m'ont fait bondir… Évidemment que tu as été, que *nous* avons été à la hauteur, tous les deux, et je ne le dis pas pour te rassurer ou quoi que ce soit mais pour répondre en règle générale à tout ça. Comme d'habitude je comprends les choses à la fin : j'ai toujours su au fond de moi que tu avais « peur », mais je ne savais pas de quoi exactement.

Tu sais, je prends la mesure de ton angoisse face à la pression que je te mettais involontairement, face à ce que je te réclamais qui me manquait terriblement et que tu ne pouvais pas me donner, mais je ne peux pas nier la tristesse et la frustration que tout ça a généré : on essayait de construire plein de choses mais tu étais de moins en moins là, tu restais chez toi même ces fameux dimanches ou lundis soirs par exemple, alors que tu aurais pu être avec moi… J'ai toujours compris et respecté ton besoin de solitude mais "nous" n'était plus jamais ta priorité et ça m'a rendu triste, ça m'a terriblement frustré, jusqu'à ce que tout ça se transforme en colère…

Cette lassitude, ce manque de toi, cette colère ont fini par amener de la non-croyance en "nous", ou plutôt non, pardon ce n'est pas le bon terme… Pas de la non-croyance en nous, mais de la non-croyance en notre avenir.
Et moi en effet, si on ne construit pas des choses basiques en dehors de l'amour passionnel dans un rythme quotidien, alors on ne construit rien, je n'arrive pas à me projeter et je n'y crois plus.

Ne pas pouvoir vivre notre amour au *quotidien*, au fond je pense que c'est ça qui m'a le plus manqué.

Mais tu vois, ma chérie, dans ce que tu me dis il y a malgré tout quelque chose d'assez paradoxal… Je comprends ta peur, qui n'était pas celle de t'engager mais celle de te lasser, mais en même temps c'est totalement contradictoire parce que te lasser de quelqu'un, après tout tu pourrais n'en avoir rien à foutre et ça n'aurait aucune importance… Cette peur panique de te lasser de moi, tu ne l'aurais pas ressentie si tu ne m'avais pas autant aimé !

Et puis si tu n'avais pas eu ces peurs, de me perdre, de ne plus m'aimer ou même de la moindre araignée qui passe, ça ne serait pas TA manière d'aimer et d'être aussi vivante ! Certes ça a son côté obscur et le revers de la médaille, mais si tu n'étais pas comme ça il n'y aurait peut-être pas cette passion et cette fougue que tu dégages et que j'ai toujours trouvées extraordinaires ! Même lorsque c'était un peu plus compliqué certaines fois, j'ai toujours été conscient de ma chance incroyable…

En tous cas, oui nous avons été à la hauteur tous les deux, c'est une évidence, la preuve c'est que l'on se fait encore ce genre de messages !
Voilà. Je n'ai pas grand-chose à ajouter, je mets la tête un peu dans le sac pour le moment, comme d'habitude. J'ai envie de penser à autre chose et en même temps j'ai envie d'être avec toi et envie d'être seul… Un peu largué…
Et puis cette histoire de passeport me fait quand même sacrément mal au cul - tu me passes l'expression ! Je crois que j'ai fait tout ce qu'il fallait pour trouver une solution mais là, bon, il est 15h09, l'avion décolle dans 20 minutes, c'est mort…
Je… Je t'avoue que j'ai quand même regardé si on ne pouvait pas partir ailleurs, tous les deux, quelques jours… J'en avais tellement envie, de ces quelques jours tous les deux…
Donc voilà, je te le dis : ça me ferait plaisir, j'en ai envie et puis en même temps je ne sais pas, j'ai envie de prendre mon vélo partir tout seul, bref c'est le bordel… Mais au cas où, si tu y pensais aussi sans oser me le dire…
En tous cas, merci pour tes messages, j'entends, je comprends.

17h12, vocal de Claire à Thibaud

Tu viens de mettre le doigt sur un truc qui m'a fait l'effet d'une étincelle dans le cerveau : "Si j'avais tellement peur de me lasser, c'est bien que mon amour était fort sinon ça n'aurait eu aucune importance", bah oui, mais bien sûr !

A part ça, même s'il est vrai que mes craintes ont aussi participé au côté « passionnel » de notre amour, elles ont tout de même fini par prendre le dessus, elles m'ont empêché de voir qu'aimer peut se faire au quotidien, que l'intensité peut se trouver ailleurs que dans le "passionnel". Il était temps que j'en prenne conscience !
Le pire d'ailleurs, c'est qu'à redouter de me lasser et d'abîmer notre amour, au final, c'est exactement ce que j'ai créé... En fait, c'est toujours pareil avec les peurs : quand tu as peur d'un truc, tu n'y vas pas de la manière dont tu penses y aller mais tu y fonces quand même, pleine balle.

Décidemment, quelle chance que tu aies perdu ce passeport, il *fallait* vraiment qu'on ne parte pas ! Mardi soir j'ai pensé que ça allait seulement nous éviter la tristesse et la douleur au retour mais je commence à voir qu'il y avait d'autres "cadeaux" derrière ce voyage qui ne s'est pas fait.
Tout ce que l'on se dit là et tout ce que l'on comprend me donnent vraiment la sensation que nous sommes en train de nettoyer l'ordinateur de ses virus. On fait le ménage, on se libère, et derrière c'est de l'apaisement qui pointe son nez.
Quant à Center Parcs ou ailleurs, je ne vais pas te mentir j'en ai envie aussi, tout en étant pas sûre non plus d'en avoir vraiment envie !... J'ai encore besoin de digestion, j'ai encore besoin d'être seule, je ne sais pas encore si je pars chez Madeleine qui m'a proposée de venir passer le weekend avec elle... Bref, je ne sais pas !

Vendredi 20 septembre 2024

7h33, échange entre Claire et Thibaud

- Mon Thibaud, je serai finalement chez Madeleine ce week-end mais avant je vais t'envoyer un vocal que j'ai enregistré au petit matin.
- Profite, respire, c'est bien. Je vais rester tranquille ici, bosser, penser à toi, à nous, retrouver une routine…

8h15, vocal de Claire à Thibaud

Je me suis réveillée en sursaut à plusieurs reprises cette nuit avec une question qui tambourinait dans ma tête, comme une urgence : « Est-ce que *j'aime* Thibaud, est-ce que je l'ai jamais *vraiment* aimé ? »

Toute la nuit j'ai tenté de la repousser : elle m'effrayait un peu je dois dire, je n'étais pas certaine de vouloir « savoir »… Mais avec ces prises de conscience sur mes peurs et mes fonctionnements, avec ces compréhensions mutuelles qui émergent, avec ce ménage qui se fait, bien sûr que je ne pouvais pas passer à côté de cette question fondamentale, la seule en réalité pour pouvoir envisager un jour un quotidien avec toi…

J'ai tourné en rond dans mes draps pendant un long moment sans savoir *comment* répondre ni par quel bout commencer, jusqu'à ce que j'enclenche le mode "process" : comme une chercheuse dans son laboratoire, je me suis mise à analyser mes anciennes expériences afin de les confronter à la notre : y'avait-t-il une différence entre mes ressentis, mes pensées, mes sensations passés avec d'anciens amoureux et ce que je vivais aujourd'hui avec toi ? Et si oui, en quoi ?

Assise sur mon lit, j'ai réfléchi à voix haute :
- « Ok, factuellement je sais bien que Thibaud et les autres ce n'est pas pareil, ni d'une manière générale, ni sur la fin de cette histoire, mais *qu'est-ce* qui n'est pas pareil ? C'est différent *comment* ?
Ce qui me retient aujourd'hui à lui, ce qui est aussi douloureux et me dévaste, est-ce de l'amour ou est-ce de la peur ? Est-ce la peur de perdre quelque chose ou une autre peur peut-être, comme celle que j'ai eue pendant longtemps de finir seule mais qui a disparu depuis des lustres ?
Comment distinguer l'amour au milieu du reste, ça ressemble à quoi, finalement ??
Jusqu'à ce jour j'ai toujours mis en place des "stratégies" d'intensité qui me rassuraient sur mes sentiments : ces indicateurs d'intensité "validaient" l'amour que je portais à quelqu'un, ils me donnaient la température en quelque sorte, comme si j'avais besoin de *vérifier* que l'amour était bien présent. Or aujourd'hui il n'y a plus cette intensité entre nous, on est même presque sur une forme de rejet et depuis longtemps déjà, alors donc ? »

Epuisée, j'ai fini par m'endormir sans avoir trouvé de réponses, et comme souvent, c'est le matin au réveil que les ampoules se sont allumées dans mon esprit !
Quelles sont les personnes dont je suis certaine de l'amour que je leur porte ? Pour qui est-ce que mon amour est une évidence de chaque instant, sans le moindre doute ?
Facile : mes deux fils, bien entendu !

Bon ok, je me dis, mais comment *sais-tu* que tu les aimes de cet amour si grand, si fort, *inconditionnel* ?
Je sais que je les aime du fond de mon être, dans la version, comment dire, la plus originelle, pure, oui d'accord, et pourtant avec eux je n'ai pas de "preuves" que je les aime, pas de "curseurs d'intensité", je les aime même quand ils sont dans leur chambre, même quand ils ne sont pas là, ça n'est jamais "passionnel", c'est bien un amour dans le *quotidien*, et pourtant c'est l'amour le plus puissant que je connaisse, alors ?

Et Thibaud ? Est-ce que j'aime Thibaud du même *endroit* dans mon cœur ? Comment savoir ?

A cet instant, comme une réponse arrivée d'on ne sait où, m'est revenue en flash la vision d'un instant imaginaire et pourtant tellement réel pour moi, une image imprimée dans mon cerveau depuis longtemps et dont je t'ai déjà parlée...
C'est une fin de journée d'été sur la plage du Val-André.
La lumière est magnifique, l'air est tiède, il flotte une légère brise, je suis assise contre le mur tout chaud les cheveux encore mouillés après le bain et vous êtes là, un peu plus loin.
Je vous *regarde*, je vous *savoure* : certains s'éclaboussent dans l'eau, un autre fait de la planche, d'autres encore jouent à la pétanque sur le sable, j'entends des rires...
De temps en temps l'un d'entre vous me jette un œil, cela dure une fraction de seconde, on se sourit, il y a de l'amour de dingue qui passe entre nous, et puis hop, chacun repart à ses activités.
Vous ? Mes fils, mes frères, et toi.

J'ai bondi de mon lit, éclaté de rire et fondu en larmes, bouleversée : mais bien sûr que c'est ça "aimer" pour moi, ça a toujours été ça et rien d'autre que ça !

Lorsque je suis avec mes fils, mon plus grand bonheur consiste juste à les observer, à me délecter de leur présence, même lorsqu'ils me racontent des trucs qui ne m'intéressent pas, même lorsqu'on s'engueule, même lorsque je suis fatiguée, agacée, qu'ils me gonflent…
Je les savoure avec tous mes sens en éveil : je les regarde vivre, j'observe leurs mèches de cheveux, leurs yeux, leur regard, leurs mouvements, leurs gestes, leurs doigts, leur peau, leur visage, je dévore leurs sourires, j'écoute leur voix, je les respire…
J'en prends plein les mirettes, plein les sensations, c'est tout chaud à l'intérieur, à la fois tranquille, joli, joyeux, c'est de la joie à l'état brut, sans euphorie inutile…
C'est aussi évident que de danser sur une musique ou d'observer un paysage qu'on adore : on est juste là, on fait partie du décor, on savoure sans attente sans peurs ni rien, on se laisse juste porter par ce que l'on ressent sur le moment…
Si je croyais en Dieu, je parlerais peut-être d'un amour "divin", inconditionnel en tous cas, et c'est bien ça que je ressens pour mes enfants, c'est comme ca que je vis mon amour pour eux !

Puis j'ai pensé à toi : tu es là toi aussi, sur cette si belle plage un soir d'été. Je n'ai jamais cessé de te "contempler", de te *savourer*, de te regarder vivre, d'écouter ta voix, de voir bouger tes mains cabossées et noueuses de menuisier, d'aimer tes regards sérieux, rieurs, scrutateurs ou tendres, j'aime tes doigt qui glissent dans tes cheveux en bataille, l'odeur du bois sur ta peau, tes gestes lorsque tu travailles dans ton atelier…
Même ces derniers mois où j'étais si mal lorsqu'on était ensemble, même dans nos pires moments, même quand tu m'agaces, même quand tu me fais chier comme le week-end dernier avec les Marchal, où je t'ai trouvé tellement con et insupportable avec tout le monde, même là je continue de te regarder vivre… et d'aimer ça.

Et même depuis 4 jours, à chaque fois que j'ai des messages de toi, le premier truc qui est présent, avant même d'écouter le sens des mots, c'est de savourer ta voix.

La prise de conscience de tout ça au petit matin m'a profondément émue : Thibaud est dans la place à l'intérieur de moi, dans mon cœur, j'ai de l'amour pour lui, point.
Check, réponse validée.

Alors voilà, ça ne change strictement rien là, maintenant, ça ne change rien à la décision d'être ensemble ou de ne pas être ensemble, ce n'est plus le dossier, en fait, c'est juste entre moi et moi.
Cette certitude, cette évidence me fait un bien fou, et même si ça s'arrête entre nous : j'avais besoin de savoir ce que j'avais dans les tripes, et je le sais.

Je comprends autre chose aussi, en lien direct.
Je t'ai déjà dit que parfois je ne m'autorisais pas à être complètement « moi-même » lorsque j'étais avec toi, mais sans savoir pourquoi. Or je pense que le fait de douter de savoir si je t'aimais vraiment me donnait la sensation que je devais "faire" des choses particulières ou "être" quelque chose de particulier pour te rassurer sur mon amour (et me rassurer aussi d'ailleurs).
J'avais cette injonction de *devoir te prouver* que je t'aimais et que je devais t'aimer selon tes critères à toi, *à ta manière à toi* ! Et comme tu es très "physique", très "charnel", très tactile, si je voulais te montrer que je t'aimais vraiment, alors je *devais* faire pareil !

Mais là je vois qu'en réalité lorsque je suis avec toi, c'est "comme" lorsque je suis avec mes enfants : je suis juste *là*, mon amour est *là*, il se manifeste de lui-même, naturellement, à ma manière à moi, et sans "obligation" ni "devoir" de te *démontrer* quoi que ce soit ! Puisque l'amour que je te porte vient du même endroit dans mon cœur, je n'ai plus rien à « prouver», ni à toi, ni à moi.

Ma manière d'aimer, c'est d'être *présente* à ceux que j'aime, toi y compris, et de passer chaque seconde de ma vie à kiffer votre présence ! Je n'ai pas forcément besoin de parler ni d'interaction physique, charnelle, ça c'est *ta* manière d'aimer, mais pas toujours la mienne, et pas en priorité, et c'est ok...

(Je me demande d'ailleurs si, au fond, ce désir plus "charnel" - que j'avais beaucoup plus au début, c'est vrai ! -, je me demande s'il s'est estompé avec le temps ou si finalement, c'est la pression énorme que je me mettais sur les épaules pour "être à la hauteur de tes envies", qui fait qu'il s'est recroquevillé sur lui-même au fil du temps, et qu'au fond il est encore là, tapi dans un petit coin...

Je n'en sais rien, mais quoi qu'il en soit, il n'est pas essentiel ni prioritaire, pour moi, dans ma manière d'aimer.)

Toi tu m'aimes de manière plus "animale" (et j'adore en plus, là n'est pas la question !), et je ne sais pas si c'est compatible pour toi, avec ma manière d'aimer, si c'est compatible pour toi dans une vie future ensemble... Je n'en sais rien, mais je me devais d'être honnête avec toi, quoi qu'il en soit.

En revanche, si tu me demandes aujourd'hui, là, maintenant, de quoi j'ai envie dans ma vie jusqu'à la fin de mes jours c'est très exactement de ça : être avec toi, t'avoir dans mon champ de vision, te savourer, être presque comme une plante verte dans ton salon (!), ou une petite moi posée sur ton épaule, te regarder vivre au quotidien... Ça me fait tout chaud dans le cœur, et ça me ferait presque rire !

Cette urgence de devoir te « prouver » mon amour et cette peur de ne pas t'aimer ou de ne pas "savoir" t'aimer viennent de disparaître en un éclair, en une fraction de seconde. Je n'ai plus peur d'une vie au quotidien ni d'un avenir avec toi, cela devient enfin possible dans ma tête.

10h19, vocal de Thibaud à Claire

Je suis au bureau, je fais des devis et je voulais prendre le temps plus tard d'entendre ce message mais j'étais quand même assez impatient, je ne sais pas pourquoi, et du coup je l'ai écouté.

Je savais que tu m'aimais, je savais que ce que j'avais avec toi était exceptionnel mais ce message me touche bien au-delà des mots, bien qu'il ne soit peut-être pas si différent de certains que tu m'as déjà faits ou de choses que tu m'as déjà dites en face.

L'émotion est très forte ces derniers jours et ces dernières heures, même si je vis les choses à ma manière, totalement différente de la tienne : je me remets dans le boulot avec plaisir mais sans envie d'aller sur le terrain, je reste là au bureau, je fais des devis, j'avance sur ce qui est en retard, sur ce qui me saoule… Je n'ai pas spécialement envie de bouger ce weekend, et tout ça me fait du bien.
Je vais aller chez les Boucard demain soir par exemple, je vais courir, j'ai besoin d'être dans un quotidien, basique, simple, seul. Je me dis d'ailleurs : "Bah c'est con, profite, pars, va faire autre chose !", et puis non, je n'ai pas envie finalement…

Je ne suis pas très bavard mais ça n'a pas d'importance, c'est comme ça, et ça ne m'empêche pas de t'avoir en tête 24 heures sur 24, et de me dire que ce qu'on vit là maintenant, même si on est arrivé au bout d'une étape - j'ai envie de parler d'une étape - et que c'est un peu dur, c'est quand même très chouette, très beau…
Même cette histoire de passeport est très belle, et pourtant j'ai franchement trouvé que le destin s'acharnait contre nous ! Mais je comprends ton soulagement en imaginant en effet la douleur absolument terrible que ça aurait été au retour : tout aussi violent et douloureux que ce

que tu avais vécu à notre retour des Seychelles la première fois, bien que pour des raisons différentes…
D'ailleurs je pense que l'option Center Parcs c'est pareil, ça serait trop dur au retour pour tous les deux, donc même si vraiment j'en ai très envie, ce n'est sans doute pas une bonne idée…

Bref, en tous cas, c'est vraiment un message magnifique, un truc de dingue… Et puis heu… Je vais être très animal, très terre à terre, je vais te faire rire, mais chaque message oral de ta part (et en particulier celui-là !), j'ai heu… je bande, voilà !! C'est la réaction automatique de ta copine : même sur ce message qui dure 35 minutes j'ai pas débandé pendant 35 minutes !

Mais au-delà de ce côté animal, je sais qu'il y a des sentiments forts.
J'ai même eu peur, au début de ton message, que tu t'apprêtes à me dire que bah non finalement tu ne m'aimais pas et j'ai vraiment flippé : ce n'était pas mon ego qui parlait ni mon côté animal, c'était la peur de te louper, de *nous* louper… Il n'y a pas d'engagement, on le sait tous les deux, mais c'était la peur de louper la possibilité qu'un jour on puisse vivre ensemble. Si tu m'avais dit : "Bon, je me suis trompée, je ne t'aime pas", je perdais cette possibilité que *nous* existe un jour dans le futur, et ça m'a tordu le bide.

A part ça, j'en reviens à cette histoire de plante verte, alors non, surtout pas une plante verte, hein !!
Plus sérieusement, je comprends complètement que tu aies eu cette sensation qu'il *fallait* que tu m'aimes à ma manière à moi, plus physique, plus tactile, et comme ta manière d'aimer est un peu différente, presque plus "contemplative", évidemment qu'avec moi en face et ma manière d'aimer très "animale", c'était compliqué.

Je m'aperçois surtout que tout ça était très compliqué voire incompatible *justement* parce qu'on ne vivait pas ensemble au quotidien, parce qu'il y avait cet éloignement physique (et on a quand même tenu 11 ans dans ce

schéma-là !). On a vécu séparément par choix, pour nos enfants et pour nous, parce que nos enfants ont toujours été notre priorité de cœur, absolue et au-dessus de tout, c'était comme ça et on en était très heureux tous les deux.
Mais à chaque fois qu'on se retrouvait par petit bout de machins et de moments arrachés, il y avait une frustration trop importante pour moi, un mal-être pour toi, aucun de nous n'avait la possibilité d'aimer comme il en avait envie, à sa manière naturelle à lui. Il fallait être au taquet quand on se voyait, il fallait être au taquet pendant les rares week-ends, il fallait être au taquet pendant les vacances, il fallait être au taquet tout le temps, c'était juste insupportable, invivable !

Je pense profondément que même si notre manière d'aimer est différente, non seulement elle n'est pas incompatible mais elle est au contraire très compatible !
Le mélange des deux est bio, équilibré, sain, mais il n'est possible QUE sous le même toit, afin que chacun se sente libre d'être pleinement lui-même, de faire ce qu'il veut quand il veut, et même de partir seul en vacances, voir des amis, faire Saint-Jacques-de-Compostelle ou autre chose, puis revenir ensuite dans notre maison, dans la maison commune.
Toi tu serais pleinement heureuse de pouvoir m'aimer à ta manière à toi, me regarder, m'observer, m'entendre, me savoir dans ton environnement, et moi je pourrais te toucher les seins, les fesses, les rides, te caresser, t'embrasser, te sauter ou me faire un petit plaisir à côté de toi si j'en ai envie !

C'est à tout ça que j'avais cessé de croire ces derniers mois et peut-être même depuis bien plus longtemps encore... Je sentais que tu aurais toujours une excuse pour ne pas vivre avec moi. J'avais *envie* de continuer à y croire, mais je n'y croyais plus (et j'y crois de nouveau sincèrement aujourd'hui, d'ailleurs...).

Je ne sais pas où on va, je n'ai pas de schéma, je n'ai surtout pas envie de replonger et ce qui est évident, c'est qu'il faut qu'on se laisse respirer...
"Nous" ne sera peut-être jamais plus, ou peut-être dans 1 an, 2 ans, 5 ans, 10 ans, je n'en sais rien, mais je sais que tout ce qu'on se dit là, c'est important pour ma compréhension, c'est important pour notre amour qu'on garde au chaud dans un coin de notre cœur, c'est important pour plus tard.
Et surtout, ça m'enlève enfin la colère, parce que lorsque je ne comprends pas, la colère s'accumule, je suis furax, et là j'avais trop de colère en moi, enfouie depuis trop longtemps.

Bref, donc merci. Enfin non, pas merci, mais voilà, je t'aime. Si tu as envie de me voir tu passes, si tu n'as pas envie tu ne passes pas, et si j'ai envie je fais pareil. Je t'embrasse fort.

10h46, vocal de Claire à Thibaud

Merci pour ce message, même si les mercis sont un peu cons mais bon... Merci de mettre des mots, ça m'aide moi aussi, lorsque ça résonne autant, à y voir plus clair en moi.

C'est exactement ça...
Jusque là, pour moi, ça ne pouvait pas être "au quotidien", car j'avais besoin de ces curseurs de "validation d'intensité" pour me confirmer que je t'aimais, et évidemment que "quotidien" et "intensité" me semblaient totalement antinomiques.

Tes mots viennent ancrer cette compréhension profonde que, contrairement à ce que j'imaginais jusque-là, il n'y a QUE dans un quotidien que ma manière d'aimer peut s'exprimer pleinement, sereinement, sans plus me sentir obligée de prouver ou de démontrer quoi que ce soit.

Il n'y a QUE dans un quotidien que chacun de nous aura l'espace et la place pour être pleinement lui-même, pourra manifester sa manière à lui d'aimer librement, dans un équilibre entre nous deux.

C'est littéralement l'inverse de ce que je croyais depuis 11 ans, et ça change tout ! Ça me scotche, ça me bouleverse, ça me met les larmes aux yeux, ça me libère et me remplit d'une telle joie ! J'ai une sensation de vertige, là, qui est super étrange…

Il me vient encore autre chose…
Je repense à ma fureur contre Laurence lorsque tu m'as appris que Rose allait désormais vivre avec toi en permanence : j'avais trouvé ça tellement injuste, d'un égoïsme fou, avec cette sensation qu'elle s'était appropriée sans le moindre scrupule tout l'espace-temps "couple", ne nous en laissant aucune miette.

Toute cette perception des choses vient de se retourner également !
C'est comme si au fond, toute cette situation n'avait toujours été qu'un "prétexte" à ma colère, à laquelle je m'étais accrochée avec fougue mais dont le vrai sujet était ailleurs : puisque désormais ta fille allait être avec toi tout le temps, - donc *avec nous* tout le temps ! -, alors ça m'éloignait encore un peu plus de ces rares moments "d'intensité" seule avec toi, dont j'avais besoin pour me rassurer sur mon amour.
Tout ça me saute aux yeux d'un coup, me semble tellement hors sujet, ridicule !
Non seulement sa présence quotidienne n'est plus un "handicap" au fait de vivre avec toi, mais ça me ferait presque envie ! L'idée d'être avec toi, avec vous, de prendre soin de vous, c'est juste un kif énorme… Je n'arrive même pas à réaliser ce que je suis en train de ressentir, de penser, c'est surréaliste, ça me fait marrer, et pourtant c'est bien présent ! Dingue !

Tu sais, là, quand j'envisage Center Parcs je l'envisage presque - et pardon, le mot va être horrible mais je sais que tu vas le prendre à sa juste valeur ! -, je l'envisage presque "entre *potes*" ! Ce mot me fait rire et semble totalement hors propos nous concernant, mais si je nous visualise à Center Parcs tous les deux c'est en version "potes", en version simple, cool, tranquille, joyeuse, juste bien ensemble... Et comme ça me tente !

18h58, échange entre Thibaud et Claire

- Ma chérie, je viens de retrouver mon passeport. Dans ma voiture, à un endroit où j'ai regardé 100 fois, mais il était glissé sur la tranche dans le vide-poche... J'ai envie de mourir... Je suis tellement désolé.
- Mais NAN !!

19h06, vocal de Claire à Thibaud

Thibaud, vraiment ne sois pas désolé, c'est la meilleure chose du monde qu'on n'y soit pas allé !
Regarde tout ce que ça a permis, regarde tout ce qu'on est en train de vivre ! C'est énorme, c'est comme si "l'univers" nous avait apporté *exactement* ce dont on avait besoin !
Ok, on a perdu 1600 balles mais franchement ça les vaut tellement !
Regarde tout ce qu'on gagne à ne pas y être allé et tout ce qu'on aurait perdu si on y était allé ! Ce voyage nous aurait juste enfoncés encore un peu plus dans la merde et dans la douleur, on ne serait pas en train de se parler comme on le fait, on n'aurait rien appris, rien compris !
Et puis sur place, on l'aurait vécu avec la perspective de se séparer au retour, on aurait oscillé entre bonheur fou d'être tous les deux et désespoir de ce qu'on allait subir en rentrant... Franchement ça te fait rêver ?

Je comprends que tu sois déçu, mais notre séparation et ce voyage qui ne s'est pas fait, je t'assure que c'est le plus beau cadeau que l'on pouvait s'offrir : c'est vraiment comme un bon gros nettoyage d'ordinateur ; et lorsque l'ordinateur a été débarrassé de ses virus, il faut l'éteindre... Alors nous, on ne sait pas quand on le rallumera ni même *si* on le rallumera un jour, mais l'essentiel était de le mettre sur off, de le débrancher, et c'est ce qu'on a fait...

(D'ailleurs ça n'enlève rien au fait que cette histoire de passeport est quand même dingue ! Et du coup heu... On peut encore prendre un vol pour Ibiza, tu sais, entre « potes » ? Chiche ? Ça me fait bien envie !)

20h18, échange entre Thibaud et Claire

- Bon je t'avoue, j'ai regardé s'il y avait des vols... Mais heu... En fait, non. L'envie est passée, je ne sais pas, je ne le sens plus... Je ne sais pas... Pardon.
- Oui, bien sûr, je comprends, excuse-moi ! Comme toujours ça va si vite dans ma tête, je me sens tellement libérée et pleine d'amour, que je m'emballe ! N'en parlons plus !

Samedi 21 septembre 2024

10h18, vocal de Claire à Thibaud

Nouvelle prise de conscience cette nuit, une fois de plus !
(J'ai par moments l'impression que ce ne sont pas quelques cadeaux que nous recevons mais un placard entier, c'est Noël tous les jours !)

Tu le sais, depuis environ 2 ans et demi j'avais la sensation d'avoir comme perdu goût à la vie, mais au fond qu'est-ce que ça signifiait pour moi avoir "perdu goût à la vie" ?
C'était la sensation de ne plus rien vivre "d'intense" (à part dans mon job, ce qui est nouveau et génial mais loin de me combler...).
Plus d'intensité dans rien, donc plus d'envie de rien, plus d'élan, plus de sentiment de bien-être, comme si j'étais "coupée" de quelque chose de fondamental, de vital, à l'intérieur de moi.
Comme si j'étais coupée de la Joie, de l'Amour de la vie.

C'est là que j'ai bondi de mon lit cette nuit...
Pour *aimer* la vie, il fallait que ce soit "*intense*".
Pour *aimer* Thibaud, il fallait que ce soit "*intense*".
Toujours ce même curseur, dont j'avais besoin pour "valider" l'amour en moi !

Et ce curseur-là, je réalise qu'il a été présent partout tout le temps dans ma vie, sous mille formes, mais toujours présent. J'avais comme un besoin viscéral de "*constater*" que j'aimais, que j'étais "capable" d'aimer (et pas seulement mes relations amoureuses mais simplement les gens, les moments, la vie...).

Cela vient faire écho de manière très troublante à une question presque existentielle que j'ai souvent comme "jetée à l'univers", en silence ou même parfois à voix haute : "Mais c'est comment, aimer ? Je voudrais bien, moi, être juste dans l'amour de la vie, de l'instant présent, des gens, de tout, mais comment fait-on ?"
Comme je te disais, pour répondre temporairement à cette question et me rassurer, je mettais sur les épaules de l'intensité (et de "tout doit être parfait comme ça ce que je ressens est intense" !) une validation d'amour. Je viens enfin de comprendre que ce ne sont que des critères "extérieurs" d'amour, mais que l'Amour à l'état "*originel*" existe dans le fond de mon cœur et se manifeste d'une manière totalement différente de que j'imaginais "*devoir* ressentir" - même s'il peut aussi parfois ressembler à ces critères-là !
(Oh la... J'utilise de ces mots ! Ça me fait marrer mais ce sont ceux qui sortent, hein !)

Je croyais qu'il y avait *d'abord* les marqueurs d'intensité et *ensuite* l'amour, mais c'est exactement l'inverse : l'amour est *originel* !
L'intensité peut exister sans amour, de même qu'elle peut être une "conséquence ponctuelle" de l'amour.
Et encore mieux que ça, elle peut avoir mille visages ! Lorsque je "savoure" mes enfants, ou toi, ou un paysage, ou Docteur Who, bien sûr que ce sont des émotions "intenses" mais c'est une intensité "apaisée", sereine, sans urgence ni frénésie. C'est de la joie qui circule à l'intérieur et nous emporte avec elle, comme une musique qui vibre en nous et nous fait danser !

Tout ça me libère bien plus *grand* que juste pour nous, car cela touche à des reproches que je me faisais et que je faisais *aux autres* depuis toujours...

L'imperfection dans les relations a toujours allumé en moi cette panique d'être en train de ne plus aimer l'autre : dès que je m'ennuyais avec les gens, dès qu'ils m'agaçaient ou me mettaient en colère, alors c'était le drame : "Voilà, je suis en train d'être agacée, donc ce que je ressens n'est plus parfait, ça n'est plus intense donc je les aime moins donc... je suis incapable d'amour !"
Je me détestais, je culpabilisais, et forcément j'en voulais terriblement aux *autres* de "m'empêcher" de vivre cette intensité que je ne croyais possible que dans la "perfection" des échanges.

Alors que là, ce qui est troublant et incroyablement nouveau, c'est que je commence à AIMER ces imperfections de relations, ces trucs d'humains, ça me fait marrer, je trouve ça joli et cool, ça me donne même envie de les vivre, de les... Oh ! De les *SAVOURER*, elles aussi !

Je vois à quel point cette notion de curseur d'intensité m'a foutue dans la mouise dans tellement de situations (et pas seulement avec toi !) : avec mes frères, avec des amis ou même dans mes relations de travail... Il n'y a bien qu'avec mes enfants que je n'ai jamais eu cette problématique d'ailleurs, les seuls dont je n'ai jamais douté une seule seconde de mon amour pour eux, comme par hasard...

Ce que je m'apprête à dire semble un peu niais, mais je crois que j'ai enfin trouvé la *"source d'amour"* en moi...
Complètement neuneu et mièvre comme phrase, je te l'accorde et ça me fait marrer, mais c'est ce qui surgit là, en réponse à cette question existentielle que j'ai si longtemps posée à "l'univers" : j'ai trouvé la source d'amour en moi !
D'ailleurs dans ma tête je la visualise très clairement : elle émerge au milieu d'une forêt et s'écoule tranquillement, de manière régulière, constante, apaisée et apaisante dans les rayons du soleil qui traversent les feuilles des

arbres. C'est curieux, elle n'est que lumière très douce, toute jolie, et pourtant elle fait un bruit d'eau qui coule, c'est drôle…

Je chiale tout ce que je peux… Surprenant et magique.

Quelle réconciliation avec moi-même, avec le monde, avec les autres… Dans mon ventre, c'est littéralement comme quelque chose qui s'ouvre, comme un espace qui prend sa place, un truc hyper doux, chaud, lumineux, vivant… Je peine à trouver les mots pour te décrire ça, mais c'est une explosion à l'intérieur de moi, comme un sourire rayonnant de chacune de mes cellules !

Je vois aussi que ce sont toujours nos peurs et rien que nos peurs mutuelles, à toi et à moi, qui nous ont foutus dedans, c'est soudain stupéfiant de clarté. Et les voir voler en éclat les unes derrière les autres, quelle libération, quel soulagement !

D'ailleurs je n'ai même plus peur que l'on ne se soit pas ensemble un jour, parce que je sais qu'on ne construira plus rien sur un tapis de peurs et que s'il nous en reste encore, maintenant ou plus tard, alors pour moi c'est non : recommencer à marcher sur des œufs, à vouloir rassurer l'autre plus ou moins consciemment, donc à ne plus être pleinement soi-même etc, ARGGH… Je vois trop les dégâts que ça a créés entre nous, ce n'est plus possible !

Je ne sais pas comment tes dernières peurs peuvent s'évacuer, il ne suffit pas de le vouloir, notre cerveau reptilien décide pour nous de ce qu'il considère comme "dangereux" ou pas, et on a beau comprendre des choses intellectuellement, si lui ne voit pas qu'il n'y a plus de danger, bah il nous maintient dans cette peur !
J'aimerais trouver le mot juste, la remarque ou la question qui la fera exploser d'un coup, comme cette phrase électrochoc que tu as prononcée

l'autre jour, lorsque tu m'as fait remarquer que si j'avais si peur de me lasser de toi depuis le début, c'est bien qu'il y avait de l'amour puisque sinon je n'en aurais rien eu à faire. Mais au fond tes dernières peurs, tu t'en libéreras toi-même le moment venu, ou pas …

Moi, je sais juste qu'aujourd'hui j'ai cette envie presque viscérale "d'*expérimente*r" la vie avec toi avec toutes ces belles libérations, cette absence de peurs, en laissant libre court à ma simple joie de passer du temps avec toi, d'être avec toi (et même là, actuellement, pour les semaines ou les mois à venir, sans être "ensemble", presque en version "potes", juste bien ensemble).
Je ne redoute plus que notre quotidien ne soit « pas intense » puisque ma manière de vivre, de profiter de chaque moment, des lieux, des gens que j'aime, c'est *déjà* suivre ce truc joyeux qui vibre à l'intérieur et me fait danser, et c'est intense, en soi ! Je cherchais ailleurs une intensité que j'avais littéralement sous le nez et que je ne voyais pas !

Dimanche 22 septembre 2024

10h23, vocal de Thibaud à Claire

Bonjour ma belle, j'espère que tu vas bien et que et que tu passes un bon moment avec Madeleine.

Tu le sais, quand je suis silencieux c'est que quelque chose ne va pas.
Ne t'inquiète pas, rien de grave mais je veux juste t'expliquer un peu mon silence depuis vendredi soir parce que voilà, il faut au moins que j'apprenne quelque chose de tout ça : à dire les choses lorsqu'elles sont là.

Ton message de vendredi me proposant de prendre un billet pour Ibiza, ton enthousiasme, tout ça, en fait ça m'a retourné le bide. Pourtant, c'est vrai que deux jours plus tôt, je t'avais dit que j'étais désespéré qu'on ne parte pas et que j'en crevais d'envie, mais soudain, lorsque tu l'as proposé vendredi soir, j'ai été pris d'un vent de panique terrible.

En effet, il y a cette différence de rythme entre nous, tout va tellement vite dans ta tête, je le sais et c'est tellement génial, mais moi là je suis complètement à la ramasse, c'est trop tôt pour moi.

Ce poids énorme qui avait disparu depuis quelques jours grâce à tous nos échanges est réapparu d'un coup dans mon ventre en boomerang à une vitesse absolument démentielle : "Mais non, NON ! Ce n'est pas ce que tu veux ! Tu as envie d'être seul, tu as envie de te concentrer sur d'autres

choses, tu n'as plus envie de penser à tout ce qui nous a flingué, bouffé tous les deux, qui nous a fait du mal et qui a fait du mal à notre amour !".
Je sais que ce poids va disparaître mais il ne peut pas disparaître si on part à Ibiza ou même à Center Parcs, il faut qu'on se sépare et qu'on ne se voie plus.

J'ai un besoin immense de solitude, enfin pas de solitude, non, parce que j'ai ma fille et que je mesure chaque jour la chance de dingue que j'ai de l'avoir pour moi tout seul, j'ai mon boulot, j'ai tout ça, mais j'ai un besoin immense de… de retrouver le manque de toi, presque de « t'oublier »…
Tu es dans ma tête tout le temps mon cœur, donc ce n'est pas "t'oublier", mais c'est oublier cette douleur et cette tristesse qui ont évolué vers de la lassitude et de la colère. Je préfère le manque, je préfère l'amour, je préfère tout ça mais là, tout de suite, nous ensemble ça n'est plus possible, j'ai besoin de temps, absolument.

Ça n'empêche pas que tu sois présente dans ma tête du matin au soir, ça n'empêche pas tout ce qu'on se dit, ça ne m'empêche pas non plus d'écouter tes messages et de constater une fois de plus à quelle vitesse tu comprends et intègres les choses (tellement plus vite que moi, comme d'habitude !).

Je trouve extraordinaire et génial que tu aies enfin compris que tu avais tout cet amour en toi, que moi je voyais depuis longtemps mais que je savais enfoui sous ta colère.
Je pense à tes frères par exemple : ça fait des années que je t'observe et j'ai toujours su que tu avais de l'amour pour eux (j'ai essayé de t'en parler, je t'ai lancé quelques perches mais j'ai vite arrêté ; sans doute que tu n'étais pas prête ou je ne sais pas, bref, peu importe, ce n'est pas le sujet).

Mais oui, tu as de l'amour pour eux, tu as de l'amour *en* toi, et donc... *pour* toi. J'ai toujours été convaincu de ça, de même que j'ai toujours su que cet amour-là tu l'avais pour moi aussi, pour nous.
Je t'embrasse fort, à plus tard.

12h13, vocal de Claire à Thibaud

En effet j'ai bien senti ta panique vendredi soir, non pas dans ce que tu disais mais dans la manière dont tu le disais, avec tes mots qui sortaient en cavalcade comme un torrent qui se déverse.

Et tu as raison, pour moi cette histoire, ces problématiques, ces peurs sont déjà derrière moi. Comme d'habitude lorsque je prends conscience de quelque chose, hop, ça m'en libère instantanément et c'est du passé (et oui, c'est automatique, il n'y a aucune volonté ni décision de ma part, c'est juste là, je fonctionne comme ça...). Le dossier n'est pas de savoir si ça va vite ou pas, c'est juste une histoire de rythme qui n'est pas le même et je le comprends infiniment.

Rien à voir, mais je viens de recevoir un nouveau cadeau du placard des cadeaux, un message magnifique de ta fille me disant :"Papa vient de m'expliquer ce qui s'était passé entre vous, sache que je t'aime depuis toujours et j'espère qu'on continuera de se voir. J'aime aussi mes « quasi-frères » Jules et Gabriel, je voulais juste te le dire".
Une flaque... je suis une flaque... Vague d'amour dans mon cœur pour cette gamine, dont je réalise que cet amour-là aussi a toujours été là, ce lien si particulier entre elle et moi.

17h45, vocal de Claire à Thibaud

Deux choses ce soir.

D'abord, et je sais que tu vas le comprendre, je vais te bloquer sur WhatsApp. Ce n'est pas contre toi, je sais que tu le sais et d'ailleurs j'ajoute que ma porte, mes sms, mon téléphone restent ouverts si tu veux me parler ou quoi que ce soit, mais je crois que moi aussi j'ai besoin de… j'ai besoin de m'aérer de tout ça, de ce rythme entre nous qui n'est pas le même, de… je ne sais pas de quoi exactement, j'ai la sensation d'avoir juste besoin d'air, littéralement, besoin de respirer, de retrouver mon souffle.
C'est trop libéré pour moi et en effet pas assez pour toi, avec ce truc de merde où je me dis que ce ne sera peut-être jamais libéré pour toi et qu'il est temps pour moi de commencer à faire le deuil de "nous", d'une manière ou d'une autre.

Donc ce WhatsApp, dont on sait si l'autre est en ligne et *quand* il a été en ligne, c'est comme une présence de l'autre h24, et là je ne peux plus. Peut-être que dans 3 jours, ou demain ce sera passé, je ne sais pas mais là j'en ai besoin. Urgent.

Ce week-end avec Madeleine était vraiment chouette, à la fois triste et tellement drôle ! On est allées nager hier après-midi dans sa piscine d'eau de mer à La Baule, c'était génial, on est allées au resto, on s'est baladées, on a refait le monde sur sa terrasse ou vautrées sur son canapé…
C'était vraiment bon, et ça a déclenché cette urgence, ce besoin viscéral de souffler, d'être enfin tranquille (même si ça n'empêche pas mon cerveau de continuer à mouliner !).

Je ne sais pas ce que je vais faire de ces 4 jours de "vacances" qui me restent. J'ai envie de partir d'ici, loin de toi, et puis en même temps je n'ai envie d'aller nulle part, donc on verra bien, un jour après l'autre…

Ah oui ! Et l'autre chose dont je voulais te parler aussi, ce sont les messages que j'ai eus avec ta fille, tout au long de la journée, à la suite de son premier de ce matin, et qui m'ont profondément bouleversée.

On s'est dit des choses incroyablement fortes et jolies, j'ai même pu lui expliquer ce que j'avais ressenti depuis 3 mois envers elle, comment je l'avais associée à ma colère contre sa mère et contre la situation qui nous avait été imposée de sa présence permanente à tes côtés, et combien ça m'avait tellement fait chier de lui en vouloir, à elle, mais que ça avait été plus fort que moi !

(J'ai précisé d'ailleurs que je m'autorisais à le faire parce que je savais qu'elle avait la maturité pour comprendre, et elle a juste été incroyable : "Je te comprends, je te comprends de ouf ! C'est tellement incroyable comme je comprends ce que tu as ressenti !")

Je lui ai dit aussi que ces sentiments de merde s'étaient envolés, qu'il n'y avait plus que cet amour pour elle, ce lien si particulier que je ressens envers elle depuis toujours, et qui là prend enfin toute sa place, sa juste place, et elle m'a répondu que "j'avais toujours été un cadeau dans sa vie", ce qui a fini de m'achever !

J'ai la sensation que je t'ai peut-être perdu toi mais que je l'ai trouvée, elle, qu'on s'est trouvées toutes les deux, et j'aurais presque envie de remercier Laurence du cadeau qu'elle me fait d'être partie en laissant sa fille ici ! Pardon hein, je sais bien que ce n'est pas vraiment ma fille, je ne vous la pique pas, promis ! Ce n'est pas ma fille je le sais, mais dans mon cœur on n'est pas très loin de ça… .

9h44, sms de Thibaud à Claire

Merci pour ces mots, pour ma fille, merci à nous pour notre compréhension, on s'écoute, on comprend l'autre, rien d'extraordinaire mais merci.

Et j'aime bien l'idée, pour ma fille…!

19h56, sms de Thibaud à Claire

Message très émouvant de tes deux garçons, chacun de son côté et chacun dans son style, ça m'a touché droit au cœur…

20h49, vocal de Claire à Thibaud

Je commence à prendre la mesure de ce qui s'est créé autour de nous, avec nous, je n'en avais vraiment pas conscience… C'est si joli !

Tu sais, j'ai toujours eu dans un coin de ma tête la sensation que tu étais un "intrus" dans la vie de mes enfants, et moi une "intruse" dans la vie des tiens (sous-entendu : ils se porteraient bien mieux si nous n'étions pas présents dans leur vie !).
Ça a toujours été là en arrière-plan et ça a aussi contribué à ce que je ne me sois jamais sentie vraiment bien lorsque tu étais à la maison avec moi et mes enfants, ou lorsque j'étais chez toi avec les tiens (sensation que par ailleurs je n'ai jamais ressentie lorsque nous étions ensemble tous les sept en tribu recomposée !).
Avec tout ce que nos enfants viennent de nous dire, à toi, à moi, entre eux, et de manière tellement spontanée, je réalise à quel point, sur ce dossier-là également, j'étais complètement à côté de la plaque ! A notre insu, il s'est vraiment créé une famille, une tribu de cœur, autour de nous et avec nous, et c'est pour moi une totale surprise !
C'est un nouveau verrou qui saute pour moi, une vraie révélation !

Mardi 24 septembre 2024

19h09, vocal de Claire à Thibaud

Je sais que je triche un peu parce que je te débloque quand ça m'arrange, mais ce n'est pas grave j'assume !

Je suis allée me baigner tout à l'heure, j'étais assise sur la plage avec ma serviette autour de moi, il faisait beau, et je me suis demandé s'il y avait eu des moments, tous les deux, où nous avions été dans un vrai quotidien, un quotidien normal, simple et apaisé et j'ai pensé… au confinement bien sûr ! Ensemble 24h/24 une semaine sur deux, et ce fut une période tellement apaisée…
Pourtant, tu te souviens, c'était à la suite des Seychelles, j'avais encore beaucoup de colère contre toi avec cette histoire de "mon gras" qui n'était pas du tout digérée, mais même avec cette colère dans mes tripes le quotidien "forcé" de ce confinement était hyper cool, hyper joli, tellement simple et naturel à vivre. Nous étions là, sans pression, chacun faisait ce qu'il avait à faire, je me souviens comme on était juste bien, je me souviens comme j'avais envie que ça ne s'arrête jamais, et quel déchirement lorsqu'il a fallu sortir de ce bien-être-là…

En me reconnectant à ces deux mois de confinement j'ai réalisé que oui, bien sûr qu'un quotidien avec toi était possible puisqu'on l'avait déjà vécu, que pour le coup il n'avait vraiment rien d'intense et que ce fut pourtant l'un des plus jolis moments de ma vie !

Me voilà donc dans ce paradoxe où, d'un côté je commence à faire le deuil de cette possibilité d'un futur entre nous et en même temps j'en ai envie plus que tout, j'ai envie de retrouver ce sentiment de légèreté joyeuse que nous avons vécu pendant le confinement, dans ce quotidien facile et… plein d'amour.

20h18, message de Thibaud à Claire

Oui c'était bien ce confinement. Pas le choix que d'être enfermés ensemble, du coup ça a fait sauter tous les verrous, toutes les peurs, plus de questions. C'était simple et plein de vie, malgré l'inactivité et les contraintes.
C'est comme ça que j'imagine notre retraite, ensemble peut-être et surtout sereins.

Mercredi 25 septembre 2024

15h06, vocal de Claire à Thibaud

Rien à voir…
Je te l'ai déjà dit mais je prends vraiment la mesure de ce que tu as « morflé » et de ce que tu as pris sur toi lorsque la tristesse était présente parce que je n'étais pas suffisamment là.
Je comprends aussi que c'était par peur de me blesser ou de tes propres colères que tu as tenté par tous les moyens d'étouffer ces rancœurs, de les mettre sous le tapis. Alors bien sûr que mettre sa colère sous le tapis n'est pas la meilleure idée du monde, mais je vois que tu l'as fait pour nous préserver et pour éviter que les choses s'enveniment.
Je vois ce que tu n'as jamais cessé de faire pour nous, pour moi, tandis que moi, j'étais toujours focalisée sur ce que tu me reprochais, sur mes petits agacements, ce que tu me demandais trop, ou que tu ne faisais pas assez…

Je voulais te le redire, sans auto-flagellation ni culpabilité mais avec la sensation de remettre les choses à leur juste place, au milieu de tout ce qui me vient depuis ces derniers jours.
(Tiens d'ailleurs, dans le même esprit, j'ai aussi envoyé un message très simple à mes frères, leur disant juste : "Merci pour tout. Je vous aime".)

J'ai la sensation que ma nouvelle vie commence ici, maintenant, et par moments, avoir trouvé cette plénitude entre nous m'illumine le cœur. Mais parfois, je suis rattrapée par une autre réalité toute aussi valable : il n'y aura peut-être jamais plus de nous car tu as des doutes sur ton amour et tes peurs sont toujours là, alors à quoi bon ? A quoi sert tout ce qui nous arrive là, à quoi me sert d'avoir découvert l'amour en moi, l'envie de vivre avec toi, de me sentir juste apaisée, libérée si on n'arrive jamais à vivre ensemble ?

Dans ces cas-là j'ai envie d'engueuler l'univers, de lui dire :"Mais putain qu'est-ce que tu fous, mec ?! C'est suffisamment rare dans ce monde ce qui nous lie, Thibaud et moi, alors sérieux ? Tu as fait tout ça jusque là, tu nous as apporté le chaos dont on avait besoin pour avancer, jusqu'à faire perdre son foutu passeport à Thibaud, et merci pour tout ça, mais là tu ne peux pas laisser ça comme ça ! Va au bout, quoi !"

J'ai aussi envie de te dire à toi :"Allez mon Thibaud, on s'en fout ! Si tu as encore de la colère ou de la peur, et bien tant pis, vas-y lâche-toi, fais-en quelque chose, ne les laisse pas gagner, c'est de l'énergie à l'état pur !"
Exactement comme lorsqu'on était au Seychelles et que j'avais cette colère contre toi - qui pour le coup était légitime !-, contre moi, contre nous et ça ne m'a pas empêché de te faire l'amour avec cette énergie-là : c'était puissant, magique, c'était VIVANT ! Alors que les peurs nous tétanisent, c'est la mort !

Ta colère, tu l'as tellement cachée, mise sous le tapis, elle s'est accumulée, elle est devenue ce monceau de merde, et même si on sait pourquoi tu faisais ça, mais laisse-la sortir maintenant, laisse-la vivre, laisse-la s'exprimer, laisse-la exploser un bon coup !
C'est aussi parce qu'elle a été tellement retenue qu'elle te tétanise autant et qu'elle est devenue aussi monstrueuse. Je n'en ai plus peur, moi de cette colère, au contraire vas-y, en plus elle est tellement légitime !
Et comme tu me l'as dit toi-même : il n'y aurait pas autant de colère et de peur, s'il n'y avait pas d'amour, alors nettoie, purge, et allez, ensuite on VIT !

Jeudi 26 septembre 2024

7h51, vocal de Thibaud à Claire

Bonjour.
J'écoute tous tes messages avec attention même si j'ai été un peu énervé par cette pointe d'auto-flagellation sur le dernier : moi non plus je n'ai pas été parfait mais nous avons été tous les deux à la hauteur de notre amour, évidemment !
En revanche ta prise de conscience envers moi, envers nous, envers ton environnement, envers tout le monde, elle est importante et elle fait du bien à entendre.

D'ailleurs je rebondis sur cette colère dont tu parles ; tu sais à quel point la colère passe vite chez moi... Là elle est peut-être très enfouie je n'en sais rien, mais il y a une chose dont je suis sûr là maintenant, c'est *l'apaisement* dans lequel je suis. Et je sais que cet apaisement est dû au fait que je suis seul, que je ne me pose plus de question et ce, même si je pense à nous tout le temps et que tu es dans ma tête en permanence.

Je n'ai plus envie qu'on soit ensemble et en même temps j'ai envie de passer te voir, j'ai envie de te prendre dans mes bras, j'ai envie que tu viennes dormir à la maison, j'écoute tes messages je bande ! Oui, en effet toujours ! Il y a l'envie permanente que tu sois là, et si j'entends toquer à la porte à 3h du matin je ne serais pas surpris, juste pour t'avoir dans mes bras, que tu sois là...

Il y a toujours cette voix, cette présence qui est toi et à laquelle je réagis de manière animale mais... mais plus que tout, je sais que j'ai enfin la sérénité dont j'ai besoin, dont j'ai envie, que je ressens, dans la solitude actuelle.

C'est très paradoxal et je le sais, ça part dans tous les sens dans ma tête mais je veux vraiment que tu comprennes cette sérénité et cette paix que je ressens aujourd'hui. Je me concentre sur moi, j'ai besoin de ça maintenant et il n'y aura rien d'autre que ça : me concentrer - pardon un peu égoïstement - sur moi-même et sur ma fille, sur ma maison et mon boulot, aller faire du sport, nager, courir, et voilà.

Je passe mes journées à penser à nous, à me dire qu'en effet ce qui arrive est complètement con, c'est une évidence, mais qu'il n'y a pas d'urgence, que nous avons du temps. Je ne sais pas de quoi demain sera fait, je ne sais pas si dans un an on pourra envisager les choses différemment, peut-être que j'en aurai encore envie, peut-être plus, peut-être que toi tu en auras encore envie et peut-être pas, je n'en sais rien... Tu me parlais de timing l'autre jour sur un message et en effet, s'il y a un timing que j'ai en tête depuis quelques jours, c'est celui-là : vivre ensemble ne sera de toutes façons pas possible avant un an.
Je sais désormais que cela pourra se faire avec la présence de Rose et ça me fait vraiment chaud au cœur de voir qu'aujourd'hui, pour toi, être avec nous, prendre "soin" de nous comme tu le dis, c'est quelque chose que tu imagines et que je visualise parfaitement, donc oui, l'année prochaine ça pourrait être différent.

Il y a un mélange de sérénité et de certitude de savoir que si un jour il y a de nouveau un "nous" il sera évidemment très différent de ce qu'on a fait jusqu'ici. Donc non, il n'y a pas d'urgence, il n'y a pas de gâchis, ni de temps perdu. Il suffit juste de continuer de se parler comme on le fait, de continuer de se dire les choses et de se voir si on en a envie...
Je t'embrasse fort.

13h54, vocal de Claire à Thibaud

Ah tiens, ce « timing d'un an » dont tu parles m'apporte de la lumière sur un autre sujet…

Depuis 23 ans, ce que je suis d'abord et avant tout c'est une *maman*.
C'est primordial, absolu, viscéral, mon besoin profond est de profiter au maximum de mes enfants jusqu'à la dernière seconde tant qu'ils vivent à la maison et de profiter d'eux de manière presque "exclusive", c'est-à-dire sans "parasitage" de personnes extérieures.
Or ta présence venait « perturber" (pardon hein !) mon bonheur d'être avec eux puisque je devais partager mon attention entre toi et eux alors que je n'en avais pas envie. Tu as souvent perçu en moi le "tiraillement" que je ressentais lorsque je venais chez toi alors que mes fils étaient à la maison, tiraillée que j'étais en effet entre l'envie de te voir (parfois même le "*devoir*" de te voir…) et l'envie la plus profonde de rester avec eux à la maison, même pour mater une série débile et me coucher à 21h.

C'est peut-être dommage ou stupide, mais c'est comme ça : je voulais être avec eux lorsqu'ils étaient chez moi, et je ne te voulais pas "dans mes pattes" lorsque j'étais avec eux…

Dans notre contexte actuel et même avec tout cet apaisement qui s'installe entre nous, si nous décidions de nous remettre ensemble je sais que, comme toi avec Rose, je n'aurais pas l'opportunité de profiter de Gabriel comme j'ai envie de le faire, en savourant sa présence sans perdre une miette de lui pour cette dernière année à la maison. On continuerait d'accumuler mutuellement de la frustration, des rancunes et de la colère, avec toutes les chances que, dans un an, le dégoût l'un de l'autre soit tellement fort qu'il n'y ait plus aucun retour en arrière possible…

Donc c'est chouette que tu me parles de toi et Rose et de l'envie que tu as de profiter d'elle maintenant que tu l'as - presque ! - pour toi tout seul, car cela me reconnecte au fait que cette année "sans nous" m'offre à moi aussi la possibilité de profiter à fond de mon fils sans être « parasitée » par nous (je sais que tu comprends exactement ce que je veux dire et qu'évidemment "tu" n'es pas un parasite !).

Je te disais l'autre jour que je me demandais à quoi jouait l'univers et à quoi servait tout ce que l'on vivait… Je commence à entrevoir à quel point tout, mais vraiment TOUT, est exactement pour le mieux, même le timing, pour envisager un futur entre nous…
C'est marrant d'ailleurs, tu te rappelles qu'il y a quelques mois, lorsque tu m'as annoncé que Laurence partait vivre en Espagne et que Rose vivrait désormais chez toi, tout de suite tu m'as dit: " Ma chérie ! C'est l'occasion que les choses changent enfin, qu'on invente quelque chose de différent, parce que de toute façon on allait droit dans le mur !"
Et bien je crois que, comme tu l'avais annoncé, c'est très exactement ce qui est en train de se passer, bien que pas du tout de la manière dont on aurait pu l'imaginer ! (D'ailleurs moi je n'imaginais rien, j'étais juste abasourdie et sonnée…)

Et oui, on peut inventer cette année à venir absolument comme on en a envie !

18h51, vocal de Thibaud à Claire

Je suis content de t'avoir dit les choses parce que je sais que j'ai souvent eu du mal à le faire par peur de te blesser ou de te mettre en colère, et qu'il était vraiment temps que je lâche ce truc, surtout que je sais au fond de moi que s'il y a bien quelqu'un à qui je peux vraiment tout dire, c'est toi ! (Tu

parlais de verrous qui sautent, celui-là en est un pour moi, tu le sais, ça fait partie des choses que j'apprends, même si c'est parfois un peu long !)
Là, j'avais encore un peu peur que tu te fâches, pardon, mais j'ai quand même fini par oser te parler, parce que c'est important pour nous, pour toi, pour la compréhension de chacun et puis voilà.

Je me suis marré en écoutant la fin de ton message parce qu'en effet je me rappelle très bien t'avoir dit ça, que c'était l'occasion de "faire les choses différemment", mais évidemment que je n'imaginais pas une seule seconde qu'on allait en arriver là, que les choses allaient changer à ce point !

Je ne sais pas exactement à quoi je m'attendais d'ailleurs, mais j'avais plutôt en tête l'idée de partir plus régulièrement pour des petits week-ends, et l'espoir que tu viendrais plus souvent à la maison… Mais lorsque j'ai compris sur la plage au retour des Pyrénées que ça ne serait pas possible pour toi, j'ai cessé d'y croire, de croire en nous, ça a fini de m'achever, ça a confirmé ce que j'avais compris dans les Pyrénées et que tu as évoqué aussi ce jour-là : il fallait que ça s'arrête.

Ton dernier message ancre et met en lumière encore un peu plus la chance que j'ai de vivre désormais seul avec ma fille et de pouvoir profiter d'elle pleinement.
Et je suis tellement heureux que toi tu te libères enfin du poids énorme de cette tension, de ce tiraillement que tu avais entre tes fils et moi.
Tu sais, pour moi aussi je l'avoue, l'idée de devoir mettre Rose chez sa grand-mère, chez une copine, à droite, à gauche, pour qu'on grappille laborieusement quelques moments à nous, je n'en avais pas envie non plus, c'était trop dur.

Si l'on doit se retrouver un jour, on se retrouvera ; on n'a pas toute la vie devant nous mais il en reste encore un bon morceau, et d'ici là, rien ne nous empêche d'inventer un truc différent.

J'ai toujours autant envie de te serrer dans mes bras, je t'embrasse très fort.

19h48, vocal de Claire à Thibaud

Ben j'avoue que, si toi de ton côté tu pouvais te libérer une fois pour toutes de cette peur de me dire les choses qui quand même, on ne va pas se mentir, a aussi contribué au bousin et au merdier dans lequel on se trouve, je ne serais pas contre !

Parce que SCOOP ! Lorsqu'on met les choses sous le tapis, non seulement elles ne se résolvent pas toutes seules, mais en plus elles s'accumulent et s'amplifient !
Beaucoup de mes colères ont été aussi explosives parce qu'il y avait des non-dits que je percevais et que j'imaginais forcément terribles : tu te taisais par peur de me blesser et que je me fâche mais au contraire ça m'effrayait, ça me blessait, ça me faisait culpabiliser (même si je ne savais pas de quoi !) et... ça me mettait en colère !

Donc oui, vraiment c'est cool que tu te libères de ça...

J'ai profondément envie de passer du temps avec mon Thibaud dans sa version apaisée, même sans être "ensemble" : juste bouquiner tous les deux, se balader, papoter, rigoler ensemble. Cette joie intérieure me manque tellement, et depuis si longtemps !

22h18, vocal de Thibaud à Claire

Ça devrait être facile !...

Samedi 28 septembre 2024

7h32, vocal de Claire à Thibaud

Bonjour ! Petite réflexion du matin suite à ta remarque sur le fait que tu commences enfin à "oser" me dire les choses librement…

Je t'ai souvent parlé de cette impression que j'avais avec toi de vivre avec une épée de Damoclès au-dessus de la tête : je savais toujours qu'un truc allait finir par me tomber dessus, mais je ne savais jamais ni quoi ni quand. Vivre avec quelqu'un qui ne dit pas les choses (même pour, à priori, ne pas me blesser !), au final c'est vivre avec la peur qu'un truc nous tombe sur le coin du nez, que l'on pressent et qui ne manque jamais d'arriver !

Quand tu as mentionné ça hier, je me suis rendue compte que cette épée avait disparu depuis 15 jours, et quel soulagement !

Je sais que tu faisais ça en partie pour me "protéger", pour que je me sente bien, pour que je ne me fâche pas, tout ça tout ça, mais même bien caché sous le tapis le caca était là, il puait, et le nier c'était pire que tout !
J'ai perçu si souvent que quelque chose n'allait pas et que l'orage grondait, et lorsque je te demandais ce qui se passait et que tu me répondais que tout allait bien, je ne comprenais pas tes silences et c'était juste flippant… J'ai fini par m'habituer à vivre avec ce truc au-dessus de la tête, j'ai développé une espèce d'hyper-vigilance, comme des antennes qui surveillent h24 les réactions de ton mec pour anticiper le prochain "coup d'épée".

Mais vivre avec ce poids-là, cette hyper-vigilance, cette inquiétude, ça te fout dedans, ça génère de la méfiance, de la culpabilité (comme tu ne sais pas ce qui ne va pas, tu te remets en question aussi sur tes moindres faits et gestes), c'est l'enfer et c'est épuisant !

Donc non, en effet quand tu ne dis pas les choses, par définition elles ne peuvent pas s'améliorer toutes seules, alors que s'exprimer (même si ça explose parfois !), ça permet de se comprendre, de se positionner et... de ne pas avoir peur de l'autre.

En ce qui me concerne, pour notre avenir éventuel ça n'est plus optionnel, mais plus du tout en fait. J'ai besoin d'être sereine, tranquille, je me sens tellement bien là, sans cette putain d'épée de Damoclès au-dessus de la tête qui était tellement lourde et angoissante !

J'ajoute d'ailleurs que depuis 15 jours, si nous sommes aussi libérés et soulagés alors même que la souffrance et la tristesse sont encore présentes, c'est *aussi* parce que l'on se parle complètement librement. Nous pourrions être en train de nous déchirer, or c'est exactement l'inverse : dans cet espace où il n'y a plus aucune peur d'exprimer les choses, chacun de nous, comme par magie, est en capacité de les entendre aussi sereinement qu'elles ont été prononcées.

Et puis je sais très bien que j'aurai encore des coups de gueule, j'aurai encore des appréhensions, j'aurai encore des moments où j'ai envie d'être toute seule, j'aurai encore des doutes, encore des moments moins bien, et toi aussi, tant mieux ! J'ai compris que nous n'avons pas besoin d'être "parfaits" pour que la relation d'amour existe, alors allons-y franchement dans la vraie vie, dans la vie *"vivante"* comme tu dirais, avec toutes ses *aspérités* !
Donc oui on peut se dire ce qui ne va pas, parce que c'est rassurant, c'est vivant, c'est honnête, c'est la vie quoi !

D'ailleurs, même si je suis heureuse de constater que tu commences à oser me parler, une petite voix me dit que cette prise de conscience, tu l'as déjà évoquée, ce n'est pas la première fois que tu réalises que dire les choses c'est toujours mieux que de les glisser sous le tapis en espérant qu'un coup de vent les fasse disparaître, ce n'est pas la première fois que j'entends ça, alors... affaire à suivre !

Je te souhaite une bonne journée, un bon weekend, pour être très honnête je me demande si je ne vais pas partir au Val-André, il fait si beau...
Je t'embrasse fort.

8h00, échange entre Thibaud et Claire

- Je me suis réveillé en pensant au Val aussi, ça me donne très envie d'y aller !
- Alors non hein ! Je crois que je vis un peu le même truc que ce que tu as ressenti lorsque je t'ai dit qu'on pouvait encore prendre un vol pour Ibiza, ce truc qui dit :"ah ben non en fait, ça ne va pas être possible parce que le Val ce week-end, c'est *pour moi* !"
- T'as bien raison ! Et si tu avais le courage de faire un détour par mon atelier en partant, j'ai très envie de te voir, de te sentir, c'est purement animal, hein !

10h29 vocal de Claire à Thibaud

Tu sais, j'ai une sensation folle de liberté, sans contraintes ni "parasitage", avec toi dans mon cœur et de jolis moments comme ce matin à ton atelier ou d'autres à venir, peut-être ou pas et peu importe en fait ! J'ai l'impression d'avoir gagné une année bonus pour pouvoir profiter de cette joie de vivre enfin retrouvée...

C'est très apaisé, c'est très joyeux, il y a beaucoup d'amour, de tout, de toi, de la vie, de cette année à venir qui m'offre à la fois le plaisir de profiter de mon fils et puis la liberté de faire ce que je veux comme je veux...
Tiens par exemple, bon, je vais voir le prix des billets, mais je pense que je vais aller voir Julie à la Réunion, et peut-être Caro à Marseille ou Maike en Allemagne...

Allez, je file : je passe prendre Madeleine que j'embarque avec moi, et en route pour le Val !

10h35, vocal de Thibaud à Claire

Je suis très jaloux pour la Réunion, c'est pas possible, ça !
(Rien à voir mais j'y pense : je ne t'ai pas demandé la réaction de tes frères à ton message ? Lorsque tu m'as dit que tu leur avais envoyé un mot, j'ai trouvé ça chouette et beau et donc je me demande s'il y a eu des réponses de leur part, voilà, si tu as envie de m'en parler...)

A part ça, moi aussi j'ai cette sensation de liberté, énorme !
Je t'ai dit que j'étais heureux d'être seul mais je sentais bien que ce n'était pas tout à fait juste ; c'est en écoutant ton message que j'ai su : je ne suis pas heureux d'être « seul », mais d'être *libre* !
Dans notre non-quotidien tout était toujours si compliqué ! Il fallait réfléchir, calculer, prendre en compte tous les paramètres pour la moindre décision, alors que là, quelle liberté ! J'en parlais hier avec Raphaël parce qu'il m'a proposé de faire un marathon à Dublin avec lui l'été prochain et je ne me suis posé aucune question, j'ai dit oui tout de suite, allez hop !

Les choses sont devenues si *faciles* et c'est une telle chance de s'offrir ça, de pouvoir passer par là, de retrouver cette liberté individuelle dont on a fortement besoin tous les deux.

On dirait que c'était l'enfer d'être ensemble alors qu'évidemment ce n'est pas le cas : seul le contexte est en cause et on n'en pouvait plus ni l'un ni l'autre, mais je suis heureux que tu savoures toi aussi cette liberté retrouvée, que tu en parles avec cette légèreté, que tu l'exprimes... Ça me permet de mieux la comprendre et l'intégrer.
Et si ça peut nous donner des éléments supplémentaires pour une éventuelle vie à deux plus tard, des éléments sur lesquels on sera plus vigilants, sur lesquels on réfléchira différemment et qu'on ne visualisera pas de la même manière, c'est essentiel aussi.

Donc je te redis, tu embrasses fort Madeleine, c'est chouette, je suis vraiment très heureux que vous soyez toutes les deux, vous allez avoir un putain de coucher de soleil ce soir, ça va être juste dingue et puis ça va souffler demain, ça va être magnifique, profite bien ma belle.

11h13, vocal de Claire à Thibaud

Bien sûr que "nous" n'étions pas un poids ni une entrave à la liberté de l'autre : nous avons toujours fait ce qu'on voulait, comme on voulait, même partir seul chez des potes ou autre, donc en effet ce n'est pas ça le dossier.
Le dossier c'était de se libérer enfin de nos injonctions, de nos peurs, de nos obligations liées à la situation et au peu de temps que nous avions ensemble et qui faisait que, individuellement, nous n'étions jamais vraiment libres de nos mouvements.

Ce qui est fou c'est que paradoxalement, j'avais la sensation que tant qu'on ne vivait pas dans un quotidien j'avais la liberté de faire ce que je voulais... Et sur le papier, ça paraissait vrai ! Mais je n'avais jamais réalisé que dans les faits j'étais au contraire totalement soumise à mes injonctions internes, mes peurs de te blesser, mon obligation de ne vivre QUE des moments parfaits

et intenses avec toi, mes tiraillements entre si peu de temps avec toi et mon envie de faire aussi d'autres choses, seule ou avec mes fils...
Je n'avais *aucune* liberté et je ne m'en étais jamais rendue compte, c'est quand même un comble !
Ce qui est génial aussi, c'est que dans cette liberté individuelle que l'on retrouve là, on s'offre aussi la possibilité d'être libre de voir l'autre comme on veut, quand on veut, quel joli paradoxe !

A part ça, on est bien arrivées au Val et il fait très beau !

Dimanche 29 septembre 2024

2h34 du matin, vocal de Claire à Thibaud

Il est 2h30 du matin, et le seul problème de la chambre d'hôtel c'est que si je me réveille la nuit avec mon cerveau en ébullition et le besoin de me lever ou de marcher, et bien avec Madeleine qui dort dans le lit d'à côté, c'est impossible !

Donc ce que j'ai fait, c'est que j'ai pris mes chaussures, ma parka, je suis sortie en silence, et là, c'est juste magique, incroyable…
Je suis assise en haut de l'un des escaliers qui descendent sur la plage, celui qui est juste en face des petites cabines. Toutes les lumières de la digue sont encore allumées, il n'y a aucun bruit à part le souffle des vagues (tu l'entends ?), il n'y a plus personne sauf au casino et… Oh non je rêve ! Il y a des gens qui arrivent ! Bon, *j'étais* toute seule jusque-là, et… mais c'est pas vrai, ils s'arrêtent là pour aller aux toilettes, je les entends papoter ! Je vais attendre qu'ils repartent pour poursuivre ce message, c'est quand même un comble d'être dérangée à 2h et demi du matin, au Val, fin septembre, par des gens qui viennent faire pipi juste à côté de moi !
…

Je rebondis sur ton message de ce matin. Tu me disais à quel point tu étais heureux que *je* ressente cette liberté que l'on s'offre là, alors que pour moi la liberté a toujours été une valeur fondamentale et non-négociable, beaucoup plus que pour toi.

C'est *toi*, là, qui découvres le kif de la liberté, et ça me rassure vraiment pour la suite, je trouve ça génial que *tu* y prennes goût parce que comme tu le dis en effet, nous avons besoin tous les deux de garder une liberté individuelle : c'est l'équilibre et c'est essentiel pour notre avenir ensemble.

Tandis que tu découvres le kif de cette liberté, que tu te l'appropries et tu la savoures, moi je découvre que le quotidien avec toi est envisageable... Tu te rapproche de "ma" liberté, je me rapproche de "ton" quotidien, tout devient tellement possible, et ça me donne une énergie de fou, une envie dingue d'y aller, d'y être !

Tu sais, je t'avoue même que ce schéma qui se profile là, pour cette année à venir c'est le schéma "idéal" dont je rêvais depuis longtemps dans ce format « avec enfants » : nous sommes ensemble uniquement quand c'est possible, sans aucune pression de rien, et peu importe si c'est « peu » du moment que c'est « bon » pour tous les deux, c'est exactement ce que j'imaginais !

Merci à ce chaos actuel, tellement libérateur, bénéfique, joli et stimulant.

Allez, je vais finir ma nuit, je t'embrasse. (Il y a bien longtemps que je n'ai pas eu envie de toi comme j'ai envie de toi à cet instant !)

Mercredi 2 octobre 2024

19h56, vocal de Thibaud à Claire

Écoute, ce n'est pas un message de prise de conscience ou de choses de ce genre, non, c'est… Voilà, j'ai envie de te dire les choses alors je te les dis, j'ai envie de partager avec toi, il n'y a qu'avec toi que je peux le faire, donc je le fais sans me poser des questions, sans savoir comment tu vas prendre les choses.
Peut-être que ça va te faire plaisir, peut-être que ça va t'agacer, peut-être que ça ne va plus rien faire du tout, bon bref… Je tourne autour du pot, pardon !

Juste te dire que… ce n'est vraiment pas simple, c'est dur… Tu ne quittes pas mon esprit… Je ne regrette rien de la décision qu'on a prise, mais que c'est difficile !
Cette nuit j'étais debout à 3h ou 4h du matin, la première pensée était pour toi, la dernière d'hier soir elle était pour toi aussi… D'ailleurs, ah oui ! Je me suis fait un putain de petit plaisir, mais un truc absolument gigantesque, énorme ! Ça ne s'arrêtait pas, tu étais là partout dans la pièce, partout sur moi, partout, c'était juste absolument délirant et je ne voulais pas que ça s'arrête, et ça ne s'arrêtait pas, bref…

Mais il n'y a pas que ça, même si l'envie de toi est terrifiante et prend beaucoup de place, l'envie de tes rides… Tiens, j'ai commencé une série sur Netflix, Kaos, et l'actrice qui joue la femme de Zeus est un peu plus âgée que toi, elle est blonde, les cheveux courts, c'est plutôt une belle femme même si tu es beaucoup plus jolie qu'elle, mais surtout - pardon hein ! - elle a des

rides absolument magnifiques sur le haut des seins, là, qui me font penser aux tiennes, à toi, ça me vrille le ventre !
Donc oui, tout ça pour dire que l'envie de toi est énorme, mais je sais qu'il n'y a pas que ça…

Tu as utilisé une image l'autre jour qui m'avait déjà traversé l'esprit et de te l'entendre le dire c'est bien parce que ça l'a rendue concrète : tu disais que tu avais envie « qu'on soit l'un à côté de l'autre » « qu'on bouquine », et moi aussi j'ai ces envies-là, de choses simples, bouquiner, regarder une série, se parler ou même pas, aller marcher en ville, Madrid, Barcelone, Nantes, Marseille… Vivre tout ça ensemble, ça me manque, si tu savais comme ça me manque !
Voilà, il fallait que ça sorte.

J'espère que vous avez passé un bon weekend et que ça a fait du bien à Madeleine, passe une bonne soirée, je t'embrasse, à bientôt.

Jeudi 3 octobre 2024

7h07, vocal de Claire à Thibaud

Bonjour mon Thibaud.
Alors… Tes messages ne m'ont ni "fait plaisir" ni "pas fait plaisir", ils me laissent comment dire… perplexe, et je vais t'expliquer pourquoi.

Déjà, oui, ton envie de moi, de mes rides, ton énorme plaisir qui n'en finissait pas, tout ça me fait marrer effectivement, et même j'adore ! D'ailleurs je suis allée voir la tête de l'actrice de Kaos, et je me suis dit, ok ça va, elle est pas mal, c'est cool, c'est rigolo !

Mais à part ça, émotionnellement, ton message ne me fait pas grand chose de plus, et je vais t'expliquer pourquoi.

Ce weekend avec Madeleine a été vraiment chouette. Elle a beaucoup pleuré, moi non, on a eu aussi des sacrés fous-rires, comme celui de samedi soir lorsqu'à 20h15 on était dans la chambre d'hôtel en pyjama au fond de notre lit hyper confortable, à manger une pizza qu'on a découpée avec les doigts parce qu'on n'avait pas de couteau… Et puis on s'est fait plusieurs grandes et belles balades : les Vallées, Erquy, Cap Fréhel… Bref, un super week-end !

Mais elle est dans une grande détresse, bloquée dans un espace-temps de souffrance et de désespoir parce qu'elle n'arrive pas à savoir si Guillaume l'aime encore ou pas. Elle ne parvient pas à s'en sortir, elle est coincée dans cette incertitude qui l'empêche de pouvoir se positionner, de prendre une décision, d'avancer... Or pour avancer il faut parfois savoir trancher à un moment donné, même si la douleur est insupportable à vivre : au moins cela permet de "faire son deuil" et de passer à autre chose.

Peu à peu, au fil des heures passées avec elle, c'est mon propre reflet que j'ai aperçu dans le miroir de son regard : et si je n'étais pas, moi aussi, en train de m'embourber dans le même genre de situation ?...

Tout ce qui se passe entre nous est hyper libérateur, hyper joli, hyper apaisant, et tout ce truc de ouf où tout d'un coup tout devient possible dans un futur entre nous, sans peurs, en équilibre entre liberté et quotidien, dans un amour "normal" - pardon pour ce mot ! -, un amour plus sain, bref, quand je suis connectée à tout ça, c'est tellement chouette, tout me semble possible et évident, ça me fait un bien fou...

Mais il y a tous ces moments où je prends en pleine figure cette autre réalité : il existe un monde où mon Thibaud n'est plus amoureux de moi, et ce monde-là est réel puisque tu m'as parlé de tes doutes, tu m'as dit que tu n'étais plus sûr de ton amour, tu l'as prononcé ce mot : "tendresse"...
Lorsque je bascule dans cet autre monde, je suis dévastée, effondrée, je pleure toute la journée, je ne dors pas, je n'avale rien et c'est juste horrible.

Face à Madeleine j'ai pris conscience que moi aussi j'étais dans un état d'entre-deux sans certitudes, que moi aussi je me raccrochais à l'espoir que tu m'aimes encore alors qu'au fond je n'en sais rien. Je ne sais pas si tes doutes sont liés directement au rejet de toute cette merde qui s'était accumulée entre nous, ou si tu n'as tout simplement plus d'amour pour moi. Je n'en sais rien, et si je ne sais pas alors non je ne peux pas rester dans cet entre-deux, dans ces doutes, dans cet endroit qui va me détruire à petit feu comme c'est en train de détruire Madeleine.

Je ne vais pas m'accrocher désespérément à un espoir si je n'ai plus confiance en ton amour. Or je *n'ai plus* confiance en ton amour donc il *faut* que je me sorte de là afin de sauver mes fesses.

Je réfléchissais à tout ça dimanche soir en rentrant du Val, et je me suis endormie avec cette conviction : bouge de là !
Je me connais, je sais que j'ai cette capacité à basculer sur off s'il le faut, même si c'est terriblement douloureux. Je l'ai déjà fait par le passé, je l'ai déjà vécu, et je sais qu'un matin on se réveille et ça va mieux, on respire à nouveau et le pire est derrière soi.

Je me suis endormie là-dessus et lundi matin au réveil, quelque chose avait changé en moi. Comme si le job était "fait" ou "en cours", en tous cas.

WIP - Work In Progress : j'ai viré les photos de toi qui étaient dans ma maison, j'ai viré les photos de toi de mon téléphone, j'ai changé la "sonnerie" de mon portable (ce message que tu avais enregistré et qui m'annonçait que "ton téléphone sonne, ma chérie"), j'avais même viré ma bague mais bon, je l'ai ressortie parce qu'en fait il y a la trace de bronzage, donc au final je vois tout le temps qu'elle n'est pas là... J'ai eu besoin de virer ta "présence" de mon environnement, je ne dis pas que c'est complètement fait, bien sûr, mais je sens que j'ai basculé, et ça me va.

Donc ton dernier message est arrivé sur ce terrain-là.
Mon cerveau n'a plus envie de penser, plus envie de se prendre la tête avec toi, c'est trop important pour moi de ne pas me retrouver comme Madeleine, en apnée entre deux eaux.

Alors c'est vrai que, paradoxalement, j'ai une confiance absolue dans ton désir physique, je sais combien il est directement relié à tes sentiments, tu me l'as toujours dit et j'en suis convaincue, mais je n'ai pas envie de m'accrocher à ça, parce que si toi tu n'es pas sûr de toi, alors next, je passe à autre chose.

Et toujours aussi paradoxalement - on n'est plus à un paradoxe près, hein ! -, je continue par moments d'avoir envie de te voir, d'être juste avec toi mais *sans être ensemble* : faire des puzzles avec toi le dimanche après-midi, nous balader et même pourquoi pas partir en week-end entre "potes", juste pour profiter de toi, à la cool, tranquilles, sans plus aucune pression de quoi que ce soit...

Il n'y a rien de défini ni de très précis, rien de rédhibitoire ni d'irréversible non plus, ce n'est pas une sorte de jeu ni de "fuis-moi je te suis", et je sais que tu le sais...
J'en suis juste là, c'est comme ça depuis lundi et ça me rassure de voir que j'ai encore cette capacité là, de couper net et d'avancer pour moi.

J'ajoute par ailleurs que oui, c'est très cool que l'on se parle, que tu me dises les choses, moi je ne me gêne pas non plus, merci à nous pour ça.

7h51, vocal de Thibaud à Claire

Je m'attendais un peu à ce message : je savais qu'à un moment il allait arriver parce que tu as un besoin de protection important qui est vital pour toi, et l'avantage d'avoir cette capacité à le mettre en place rapidement.

J'avais des doutes sur mes sentiments parce que j'en avais ras-le-bol, que je n'en pouvais plus, que j'avais besoin que l'on se quitte et que tu ne sois plus là. Mais je savais qu'au fond ce n'était pas aussi radical, que la frontière entre « je ne veux plus te voir » et « je ne peux pas me passer de toi » était assez floue...

Mes sentiments sont partagés lorsque je pense à toi, c'est-à-dire du matin au soir. J'ai des papillons dans le ventre, j'ai un besoin viscéral que tu sois là, à côté de moi, et lorsque je me projette nous sommes tous les deux, dans ma maison ou dans une autre, on n'a plus d'enfant autour de nous - et je crois que c'est une vraie "problématique", cette impossibilité de "nous" tant que nos enfants sont là -, on n'a plus d'enfants, on est bien, on regarde Netflix, on fait l'amour, on mange, moi je vais faire du sport, courir (hier je t'imaginais faire du vélo à côté de moi), voilà : c'est ça qui existe et qui est profondément ancré en moi, avec une envie viscérale que ce soit comme ça.

Il y a une réelle envie d'être avec toi, d'être dans un an et d'avancer, mais il y a aussi un sentiment de défiance vis-à-vis de moi-même ; je vois l'amour que j'ai pour toi et en même temps je me demande si c'est bien réel...
Car pour être honnête, toute ma vie je me suis méfié de moi et de mes sentiments... Que ce soit avec Laurence ou avec les autres, ces questions m'ont toujours torturé et me pèsent énormément : c'est insupportable et très compliqué à vivre.

Avec toi, pendant longtemps et jusqu'à il y a peu j'étais profondément convaincu de t'aimer mais je n'arrive pas, *je n'arrive pas* à me débarrasser de cette interrogation profonde dont je n'ai jamais parlé à personne, et surtout pas à toi, bien sûr... Tu vas peut-être pleurer en lisant ça, réaliser que j'ai toujours eu des doutes sans jamais te l'avoir dit, mais je suis *fait* comme ça, je suis *fabriqué* comme ça, et si je ne t'en parlais pas c'est que j'avais peur de te trahir, de me tromper et de louper quelque chose...

Et pourtant...
Avec le recul, je pense qu'avec Laurence il n'y avait sans doute pas tant de sentiments que ça : il y avait l'image de la famille, des enfants, de la réussite de cette famille, c'est ça qui me tenait et qui était important pour moi, mais avec toi, il n'y a rien de cet ordre-là, et je le sais ! Je ne suis pas rattaché à une famille ou à quelque chose "d'extérieur", je sais mon amour pour toi, et

si nous en sommes arrivés là c'est uniquement parce que tout était devenu trop compliqué, parce que les sentiments et le besoin de l'autre ont été flingués par notre méthode de vie, mais le reste, l'amour, je sais qu'il a toujours été présent...
Bon, pardon, je ne suis pas très clair !...

Bref au final, voilà, mes sentiments sont partagés, je me suis toujours posé ces questions dans ma vie et à chaque fois que tu as pu avoir des doutes sur mon amour – en particulier ces dernières semaines -, il y avait derrière ça cette méfiance de moi-même envers mes propres sentiments.

Tu me manques, j'ai envie de partir me balader avec toi, de passer du temps avec toi, j'ai envie de toi comme si on était un couple « normal », mais je suis tiraillé parce qu'un an c'est long et que je ne sais pas ce que je penserai dans un an... Je me méfie tellement de moi que je ne serais pas honnête si je te promettais quoi que ce soit pour le futur, tu comprends ?
C'est aussi pour ça que je ne te dis pas que je t'aime alors que j'en ai très envie, si souvent. C'est débile, pardon, c'est vraiment débile et je vais peut-être foutre en l'air une histoire magnifique en disant ça, mais voilà, j'ai eu peur toute ma vie de ne pas être honnête, et c'est la première fois que je le dis, j'en avais besoin et je sais que tu vas le comprendre.

Tout ça c'est un peu le bordel dans ma tête ! Toi tu bascules, et c'est normal, tu as besoin de te protéger, et même si ça fait mal au cul, c'est logique.

Je t'aime fort, je te le dis maintenant parce que j'ai envie de te le dire et que c'est profondément sincère, j'en ai les larmes aux yeux... Même s'il n'y a plus rien entre nous, jamais, c'était juste merveilleux, magnifique, compliqué parfois... Je ne veux pas rester là-dessus, je ne peux pas l'imaginer, mais je ne sais plus rien là...

8h10, vocal de Claire à Thibaud

Oh… Merci pour ce message, merci pour ta confiance et ton honnêteté, je ne soupçonnais absolument pas cette peur-là chez toi, je n'aurais même jamais *imaginé* trouver ça chez toi, et oui je pense qu'il était essentiel que je le sache.

Tes paroles font terriblement écho avec ce que je ressens depuis toujours, je me retrouve complètement dans cette peur viscérale que tu décris : moi je parle de me « lasser », toi tu y ajoutes « trahir » mais on parle bien de la même chose : redouter de ne pas savoir aimer…

En ce qui me concerne, ce constat d'être "incapable d'aimer" s'est construit d'une part parce que je voyais bien que finissais toujours par me lasser de tout et de tout le monde mais aussi parce qu'il me semblait que lorsque les gens "aimaient", ils faisaient naturellement des "choses" pour ceux qu'ils aimaient, des choses qui, pour moi, étaient toujours un peu de l'ordre de la contrainte…
Afin de « valider mes sentiments », mon seul repère était ces fameux indicateurs d'intensité : lorsque c'était intense, ok je l'aime, ouf tout va bien. Mais dès que cette intensité disparaissait, je me lassais, je n'avais plus envie et je retombais dans ma certitude que je ne savais pas vraiment aimer.

C'est la raison pour laquelle ce déclic que j'ai eu il y a 15 jours a été aussi bouleversant pour moi. Cette nuit-là, lorsque j'ai « vu » la source d'amour dans mon pti cœur et qu'en plus j'ai *su* que tu y étais toi aussi installé bien au chaud, quel soulagement !

Et au même degré, c'est vrai aussi que même si je sais que je t'aime de l'endroit le plus joli de mon cœur et que tu y resteras jusqu'au bout, moi non plus je ne sais pas si dans un an j'aurai toujours envie de "nous" ou pas… Je n'en sais rien et c'est ok.

La seule chose dont je sois sûre, c'est que, d'avoir enfin compris qu'aimer ne ressemble pas à ce que je croyais jusque là, j'ai une envie folle de *"l'expérimenter"* avec toi dans la vraie vie, dans un quotidien ensemble.
Comme si j'avais hâte, presque, de "grandir", au sens le plus joli du terme, comme si j'avais hâte "d'apprendre" à "vivre l'amour" différemment, avec toi, apprendre à t'aimer de manière beaucoup plus saine, plus juste, plus légère, plus apaisée et tranquille, plus librement, même avec des moments où on est moins "amoureux"...

Autre chose me vient, là.
Je ne savais pas que tu avais cette peur de tes propres sentiments et pourtant il y a quelque chose qui m'a toujours intriguée, qui m'a toujours fait tiquer... A chaque fois que tu insistais tant à vouloir m'épouser, à chaque fois que tu parlais de moi en disant "ma femme" (ce que j'adorais, hein, par ailleurs !), à chaque fois que tu m'attrapais entre tes mains en exprimant, presque avec *urgence*, que j'étais "à toi", j'ai toujours eu comme une minuscule petite alerte dans ma tête, comme une méfiance, un truc où je me disais : "C'est curieux cette fougue dans ces mots-là... Pourquoi a-t-il ce besoin qui semble viscéral, d'appuyer sur tout ça ? Que se cache-t-il derrière cette urgence ?"
Ce n'était rien de plus qu'un petit voyant assez discret qui s'allumait et s'éteignait aussi vite dans mon cerveau, je ne l'identifiais pas vraiment mais je ressentais un truc bizarre, comme si je sentais que tu voulais *te rassurer* de quelque chose, entre toi et toi...

Du coup je fais le lien avec ce que tu viens de me confier, comme si je comprenais enfin que cette urgence-là de te rassurer toi-même, elle venait peut-être de cette peur que tu avais que tes sentiments disparaissent, de cette méfiance de toi-même, et que te projeter sur le fait que je "t'appartenais pour la vie", c'était peut-être une manière plus ou moins inconsciente de te rassurer, comme pour "conjurer le mauvais sort".

C'est vraiment dingue comment les peurs s'autoalimentent et s'auto-réalisent toutes seules comme des grandes...
Moi je ne savais pas que tu avais cette peur-là puisque tu ne me l'avais jamais dit. Tout ce que je voyais, c'était quelqu'un qui avait besoin que je le rassure sur mon amour, sur mon envie d'un quotidien ensemble, sur mon élan d'un avenir commun... ce qui me tétanisait puisque je me sentais incapable d'y répondre ! Ca venait taper sur toutes mes peurs les plus viscérales (de me lasser, que ça ne soit plus parfait donc intense, de faire du mal à l'autre, etc...).
Donc je culpabilisais, je me "forçais" à t'aimer comme je pensais que je devais t'aimer, à ta manière, j'allais à l'encontre de mes priorités d'être avec mes enfants, je me mettais une pression de dingue sur les instants où nous étions ensemble pour que tout soit parfait, que tu sois rassuré, satisfait...
Au final, complètement oppressée et étouffée sous le poids de cette pression, je me suis éloignée de toi, je me suis lassée de toi !

Et toi, pendant ce temps-là, tout occupé que tu étais à gérer tes propres peurs, tu t'es rempli de frustration, de tristesse, puis de colère contre laquelle tu as longtemps lutté, jusqu'à ce qu'à ce que tu n'en puisses plus toi non plus, que tu te mettes à douter de tes sentiments...
Et le comble c'est que pour ne pas risquer de me "trahir" violemment plus tard, tu m'as "trahie" par petites touches de non-dits durant 11 ans et jusqu'à vouloir partir avec moi à Ibiza tout en sachant que tu avais des doutes sur ton amour ! (Ce n'est pas du tout un reproche, ça me fait même plutôt marrer cette faculté qu'on a eue de se prendre tous les deux le fossé qu'on voulait éviter !)

Ces peurs qu'on avait tous les deux nous ont empêché de vivre pleinement notre amour à l'instant T, elles nous ont empêchés d'être sereins, elles nous ont littéralement coupés de la Joie, alors qu'en fait, c'est de cette manière que nous aurions eu toutes les chances de s'aimer... *durablemen*t !

Et tu sais que le pire dans tout ça c'est que, si je suis honnête, être avec quelqu'un dont je ne suis finalement pas sûre à 100 % de l'amour qu'il me porte, et bien en fait… j'en ai *besoin* !
Moi-même je ne peux rien garantir sur du long terme, et puis j'ai besoin de garder une petite incertitude, une petite peur toute mignonne, pas trop vilaine mais bien présente, comme une petite vigilance qui fait du bien !

Je me souviens, aux débuts de notre histoire lorsque je savais pertinemment que j'avais beaucoup plus de sentiments que toi et que ce décalage m'effrayait un peu trop, il fallait parfois que je parte une heure me balader seule, loin de toi, pour respirer et me retrouver, et paradoxalement ce décalage me rassurait aussi…
Donc même si parfois ça me fiche un peu la trouille, je préfère garder une petite incertitude qui maintient un équilibre indispensable.

18h48, vocal de Thibaud à Claire

Je te suis totalement sur ce message ! J'ai toujours été convaincu que de ne pas être sûr à 100 pour 100 de l'amour de l'autre était indispensable dans le couple et que le doute était bénéfique ; alors évidemment le léger doute, sans excès, sans soumission, sans agressivité ni jeu volontaire de faire exprès de rejeter l'autre avec ce "fuis-moi je te suis" dont tu parlais l'autre jour. Non, ça non, bien sûr.

Mais c'est bien que tu aies eu des doutes sur moi, et que j'en ai eu sur toi, c'est bio ça aussi !

Tous ces moments de doute même lorsque tu ne venais pas les soirs où j'étais tout seul, tous ces moments de doute en général, cette petite appréhension, ce petit truc qui gratte légèrement dans le bon sens du terme, ça fait du bien, ça redonne de l'énergie, ça laisse la flamme allumée.

Ça te rappelle que tout n'est pas acquis, que tout n'est pas trop facile, ça anime, ça fait *vivre* aussi (dans une proportion "raisonnable", bien sûr !).

19h25, vocal de Claire à Thibaud

Oui, c'est exactement ça ! Chacun à son tour est un peu plus sûr, un peu moins sûr, et c'est aussi grâce à ça que c'est équilibré !
J'ai repensé aussi à d'autres moments de notre histoire, comme les Seychelles par exemple, où clairement j'avais peur de ton regard sur moi, je le trouvais injuste et il m'effrayait en même temps, j'étais en colère contre toi, contre moi, et pourtant l'amour était bien là, puissant, fort, magnifique dans chaque instant de ce voyage (ainsi que le confinement incroyablement joli et apaisé qui a suivi, d'ailleurs !).

19h28, vocal de Thibaud à Claire

Ne pas être sûr de machin, de truc, nos peurs de ceci et de cela, des sentiments de l'autre, il y a un mot, UN MOT qui explose depuis que l'on parle de tout ça, qui explose à chaque message, qui explose là tout le temps : c'est le manque de SÉRÉNITÉ.

Je vais y revenir, mais avant je voudrais préciser quelque chose sur cette confidence que je t'ai faite : ce qui me fait flipper depuis des années c'est que je me demande vraiment si je suis *capable* d'aimer.
Même avec toi, alors que je sentais bien que ce que je ressentais pour toi était « viscéral » et brillait fort en moi, cette phrase-là revenait en boucle lorsque j'étais dans le down : "Peut-être que tu ne sais pas aimer, tout simplement ?!"

C'était comme si j'avais un doute de savoir marcher, boire, ou manger - bon, ok, quand je bave en mangeant je sais que je ne sais pas manger, mais tu vois ce que je veux dire !
Alors ok, je sais aimer puisque j'aime mes enfants de cet amour inconditionnel dont on a déjà parlé, mais c'est là que ce mot « sérénité » entre en jeu : avec mes enfants, c'est un amour SEREIN. Alors que nous avons manqué de sérénité, cruellement, et sur deux plans : celui de ne pouvoir vivre ensemble et donc celui de ne pouvoir vivre notre amour de manière tout à fait libre, spontanée et naturelle.

Notre amour à nous, c'était :"quand est-ce qu'on peut se voir ?" "faut s'organiser" "faut virer les enfants" "on a besoin de partir en vacances ou en week-ends à deux" "il faut tout anticiper" "on ne peut rien prévoir d'autre pour soi-même" "faut être au taquet", et machin et truc…!
Tout était hyper compliqué, et il n'y a avait aucune, *AUCUNE* sérénité !

Ce mot-là, qui s'affiche en lumière depuis des jours et des jours, c'est ce qui nous a manqué, plus que tout. On s'est fait gagner par la frustration, par la peur, par la colère - beaucoup de colère de ma part ! -, il n'y avait plus aucune sérénité et, envahi par la colère je me suis lassé et j'ai à nouveau douté de ma capacité à aimer.

Vivre ensemble un jour ne sera possible qu'en toute sérénité et sous le même toit. L'amour sera juste *là*, comme avec nos enfants, on ne se pose aucune question là-dessus, parfois je suis plus amoureux, parfois moins, parfois j'ai des petits doutes qui font du bien, parfois non, mais l'autre est là et on s'en fout, parfois on a envie de partir seul, ou l'autre nous agace, ou « elle n'est pas là ce soir », mais ça n'a aucune importance, elle m'aime, je l'aime, on s'en fout, c'est serein, point.
(D'ailleurs c'est aussi pour ça que je suis content que tu partes à la Réunion, que tu "exploses" dans ce que tu as envie de faire, pour toi.)

Tu sais, depuis tous ces messages - et en réalité depuis bien plus longtemps que ça ! -, il y a un autre mot qui me vient lorsque je pense à toi, c'est *"alter ego"*.
Tant de fois où ce mot-là me traverse l'esprit par rapport à ce que tu dis, à ce que tu penses, à la façon dont tu vis et ressens les choses, par rapport à tes peurs qui ressemblent aux miennes même si elles ne se manifestent pas de la même façon… Tant de fois où je me dis :"Mais c'est drôle, on sort du même moule ! Elle fonctionne de la même manière que moi !"
Enfin non d'ailleurs, pas "fonctionner" car on fonctionne souvent différemment, mais que nous sommes *fabriqués* pareils.

Bref. Quelle chance de se parler comme on l'a toujours fait, et encore plus ces dernières semaines !

19h35, vocal de Claire à Thibaud

QUOI ?! Non mais putain tu te fous de ma gueule ?? On « communique » mais ça fait des années que tu as réalisé qu'on était « fabriqués pareil » et t'as pas été foutu de me le dire ? Mais je vais te taper, en fait, c'est ça qui va se passer, je vais te taper !
Ça fait quand même des années que je me dis :"Oh mon Dieu ! Je suis tellement différente de lui, le pauvre, je ne suis pas *adaptée* à lui !"
Des années que je me flagelle sur CE point-là, que je suis mortifiée d'être aussi *différente*, et là tu me dis que tu sais depuis des lustres à quel point on se ressemble, que je suis même ton *alter ego* ??
Je vais te taper, je vais te TAPER… !

Bon, plus sérieusement, tant de choses me viennent suite à tes deux derniers messages, c'est énorme…

La découverte de cette peur en toi me laisse sans voix, et puis toutes ces paroles, tous ces mots qui sont presque à la virgule près les mêmes que ceux que j'ai dans la tête (bon, à part le truc de l'alter ego, ok…) !

Tu n'étais pas sûr de savoir aimer et pour être sûr, il te fallait toi aussi des critères de "validation", un peu différents des miens, certes, mais peu importe… Tu parles de cette urgence de "sérénité", moi j'emploie les termes "d'apaisement", de "tranquillité", de truc joyeux aussi, mais c'est exactement la même chose, le même besoin viscéral, ainsi que toute ta vision de notre future vie à deux…
Hyper troublant…
J'étais pourtant bien calmée depuis dimanche, mais là j'ai la sensation d'une énergie qui remonte, qui « re-circule » à l'intérieur, je ne sais pas trop comment la décrire autrement…
Rien que cette peur qu'un jour je ne t'aime plus ou que tu ne m'aimes plus, bah elle a totalement disparu, ou plus exactement, je suis ok avec ça, avec cette éventualité.
J'y vois *l'équilibre*.

Et puis je vois enfin clairement que tout ça n'arrive pas pour rien, ne *peut* tout simplement pas être là pour rien.
On a les mêmes envies, on se libère chacun de nos peurs les plus viscérales, les plus ancestrales, on se "trouve"… Évidemment que tout ça existe dans un but plus "grand" !
Je sais, c'est très paradoxal et assez contradictoire avec ce que je ressens depuis dimanche (!), mais bizarrement, ce n'est pas incompatible !

Cet apaisement et cette joie de vivre dont j'ai besoin, c'est vital, ça fait partie de moi, je ne peux plus me couper de ça, je veux *danser* ma vie ! Et ce sera avec… ou sans toi parce que je n'ai plus ni l'âge ni le temps de vivre autrement et que si tu as de lourdes peurs qui persistent et qui handicapent notre amour au quotidien, alors je sais que je lui préférerai la solitude qui est pour moi, intrinsèquement, synonyme de *tran-quil-li-té*.

Si un "nous" doit exister un jour, ce sera sous cette lumière-là. Et si elle disparait à nouveau, si la merde revient, que je me "lasse" ou que tu doutes de tes sentiments, que ça redevient compliqué, lourd, pesant, chiant, oh la la, mais aucun souci ! J'irai trouver la tranquillité dans la solitude, la liberté aussi, en toute… sérénité !

J'ai l'impression que tout mon corps se dénoue là, que tout circule mieux là-dedans, que c'est doux, lumineux, joyeux et calme…
Bien au-delà de "nous", je pense que ce sont des libérations de vie presque existentielles dont j'avais tant besoin, et moi qui ne croit pas "vraiment" en Dieu, en une vie après la mort ou je ne sais quoi, c'est bizarre et je l'assume, mais là c'est tous les soirs mon père que je remercie de tout ce qui nous/m'arrive… C'est la personne au monde qui m'a aimée le plus, de manière totalement inconditionnelle, et c'est comme s'il était aux manettes de tout ce qui se passe en ce moment…

Bref.
Donc non, tout ça n'est pas incompatible, j'ai aussi la sensation d'avoir besoin de ce temps de digestion entre moi et moi, seule, de profiter de tout ce bien-être au delà des mots pour moi toute seule, de l'expérimenter dans ma vie à moi, tout en ayant une folle envie d'expérimenter ça dans un après avec toi, un jour, et même, dès maintenant, de profiter de nous dans notre version apaisée, sans être vraiment "ensemble", et d'inventer ce qu'on veut comme on veut pour les mois à venir, libérés, délivrés et sereins.

22h25, échange entre Claire et Thibaud

- C'est très joli tout ce qui se passe là…
- Joli, puissant, et troublant… Bonne nuit Claire.
- Bonne nuit Thibaud.

Vendredi 4 octobre 2024

7h14, vocal de Claire à Thibaud

J'ai du mal à trouver les mots…
Il me semble que l'on s'est enfin trouvés, que l'on s'est enfin *reconnus*, « toi, mon autre ».
Extrêmement troublant.

Samedi 5 octobre 2024

00h24, vocal de Claire à Thibaud

Mon Thibaud, dis-moi, j'ai deux questions qui me viennent là, par simple curiosité ou envie de te comprendre encore un peu mieux, d'affiner quelques détails.

Première question : comment se fait-il que tu ne m'aies jamais parlé de cette histoire d'alter ego ?
Seconde question : il y a 15 jours j'ai partagé avec toi mes prises de conscience sur cette peur de me lasser et de me croire incapable d'amour (dont je saisis à quel point elle était à l'origine non seulement de mes plus grandes peurs mais surtout de ma détestation profonde et viscérale de moi-même...), est-ce à ce moment-là que tu as réalisé que je portais en moi ce truc terrifiant, ou bien l'avais-tu perçu avant ?
Et comment se fait-il qu'à ce moment-là, après m'avoir entendue, tu n'aies pas osé te livrer comme tu viens de le faire ?

Quoi qu'il en soit, comprendre tout ça de toi me bouleverse.

Un mot me vient aussi, qui me fait monter les larmes aux yeux : je ne suis plus *seule* sur cette planète.

Ça n'a rien à voir avec le fait qu'on se remette ensemble un jour ou pas, ou que je finisse ma vie toute seule ou pas, c'est vraiment cette sensation vertigineuse : je ne suis plus seule sur cette planète...
Moi qui me suis toujours sentie tellement « différente », tellement à côté de la plaque, tellement pas faite pour ce monde, d'un coup, que tu me dises et que je comprenne que nous "sortons du même moule", que nous sommes fabriqués pareil, que tu es là, toi, mon autre, que tu es là depuis 11 ans... Que d'émotions là... Mes larmes ne s'arrêtent plus...
Et quel calme à l'intérieur de moi.

7h58, vocal de Thibaud à Claire

Je ne sais pas si les réponses à tes questions viendront tout de suite...

Cette impression de ressentir la même chose que toi lorsque tu me parles de toi ou de tes perceptions, c'est vrai que je l'ai souvent vécue. Mais tu sais, ça se manifestait par petits bouts, par bribes, donc lorsque cette information arrivait ("Tiens, moi aussi je fonctionne comme ça, moi aussi je suis comme ça, moi aussi j'ai cette sensation"), c'était hyper rapide, ça faisait *tac* comme ça, puis ça disparaissait... Je me disais que c'était du hasard, et je ne m'attardais pas vraiment dessus.
Et puis je n'ai pas l'habitude de me confier non plus, donc même si ce mot d'alter ego m'a souvent traversé l'esprit, il restait enfoui et mal défini...

C'est lorsque tu fais un bilan comme on le fait là, lorsque que tu vois les choses avec plus de recul et de manière plus profonde que les évidences te reviennent et te sautent aux yeux.

Tiens, d'ailleurs j'ai une partie de la réponse qui me vient là.
Tu as toujours parlé de toi comme d'une "martienne" or moi je me considère comme quelqu'un d'assez "lambda", basique, qui n'a rien

d'extraordinaire, qui agit "normalement" dans la vie. Je ne me rabaisse pas du tout, hein, c'est juste que je ne suis pas un martien, quoi, contrairement à toi que nous avons toujours perçue comme « différente ».

Alors dans ces moments-là, lorsque je percevais que l'on fonctionnait pareil ou que je ressentais les mêmes choses que toi, je me disais "tiens, c'est rigolo", mais comme je nous considérais comme différents et ne venant pas de la même planète, le lien ne se faisait pas, tu vois ?
(Je fais une parenthèse d'ailleurs : c'est vrai que je t'ai toujours considérée comme "différente" et pour moi c'était à la fois une peur et quelque chose d'extraordinaire... Je te l'ai déjà dit : tu es vivante, tellement *vivante* ! Il y a de la vie, il y a de l'amour, il y a de la haine, il y a des peurs, mais tout ça est tellement vivant, puissant ! Je n'ai jamais vécu cette sensation-là avec quelqu'un d'autre.)

Donc ça n'est évidemment pas sorti plus tôt, mais en faisant le bilan comme on est en train de le faire et bien que ce ne soit pas la première fois que j'aie cette sensation, tout d'un coup je le comprends, je le vois et ça devient évident : dans notre cœur, dans nos tripes, dans notre âme, nous sommes "alter egos" et finalement pas si différents l'un que l'autre.

Pour ta seconde question, oui j'ai toujours eu cette sensation de... alors toi c'est de te "lasser", moi ce n'était pas tant de me "lasser" que de ne pas être "capable d'aimer". Avec mes ex, il y a toujours eu un moment où tout d'un coup je ne peux plus, je n'ai plus envie, je suis à saturation, je deviens très con, c'est terminé, je m'en fous et ça n'a aucune importance.
Donc ce n'était pas la peur de me lasser, non, mais vraiment celle de ne pas *savoir* aimer.

Or ne pas savoir aimer c'est comme se dire qu'on ne *sait pas* marcher alors qu'on a deux jambes et qu'on tient debout, ça n'a aucun sens, c'est honteux quoi... Evidemment qu'on le cache à l'autre et qu'on imagine qu'il ne va rien

comprendre : un jour tu l'aimes mais le lendemain tu lui balances qu'en fait tu ne l'aimes pas car tu ne sais pas aimer, ben non, c'est impossible à avouer ! Ce n'est pas contre l'autre, c'est contre soi-même : "Tu es nul ! Tu ne sais pas faire, donc laisse tomber !"
Alors je ne laissais pas tomber parce qu'avec toi je savais qu'au fond il y avait quelque chose, je ne laissais pas tomber parce que j'avais peur de te perdre ou de te faire de la peine, mais j'avais cette sensation-là, d'être nul et de ne pas « savoir faire ».

Et lorsque tu me disais que tout ce que tu voulais c'était d'être avec moi, de me regarder ou de simplement vivre à mes côtés, c'était toujours un peu difficile à entendre car pour moi, la manière dont on aime nos enfants ne pouvait pas être identique à celle dont on aime une femme, tu comprends ? Avec tes enfants tu ne te poses pas la question de savoir si tu les aimes, ils sont là et tu les aimes, point. Alors que pour moi, il y avait une façon de *"bien"* aimer une femme : ça *devait* être différent, ça *devait* être plus intense, « il *faut* que je fasse plaisir à l'autre », « il *faut* qu'elle soit bien », « il *faut* que ça aille », « il *faut* que je m'adapte à elle »... Toujours dans le "il faut, il faut", et forcément ça n'était jamais serein.

(D'ailleurs je pense que toi aussi tu t'es noyée sous tes "il faut", sans doute par peur du jugement, peur de l'autre, de lui faire mal, de ceci ou de cela... Même avec tes frères, avec nos mères, nous avons ce réflexe-là - bon, avec la mienne je m'en fous royal ! –, mais avec mon frère je sais qu'il y a un mélange : 90 % de naturel comme avec nos enfants et 10 % de "il faut"... Bref.)

Donc aimer une femme aurait dû être serein mais évidemment ça ne l'était jamais, d'où cette impression que je ne savais pas faire.
Et avec toi ça a fini par être pareil : au bout d'un moment tu doutes, tu ne sais plus, tu n'as plus envie, il n'y a plus de sérénité, tu te lasses, et tu en conclues une fois de plus que tu ne sais pas aimer.

Mais c'était horrible à dire, c'était "le mal absolu", une telle trahison sur ces 11 années que même l'autre jour lorsque toi tu as parlé de ça, je n'ai pas fait le parallèle, et puis ça ne me semblait pas si grave : tu parlais de "te lasser" et je me disais que bon, « se lasser » ça va, c'est rien !

Finalement cette confidence énorme est sortie, alors seulement j'ai pris conscience que toi aussi tu avais ce doute sur ta capacité d'aimer et j'ai fait le lien avec ce que je ressentais.

Et l'autre jour lorsque tu m'as dit que tu avais « juste envie d'être là et de savourer", j'ai réalisé que j'avais cette même envie, moi aussi, que c'est de cette manière que je veux t'aimer : je profite de ta présence, je ne me pose plus de question, c'est comme mes enfants, ma chair et mon sang !

Je pense que les couples qui tiennent 20 ans, 30 ans, 50 ans, certes ce sont ceux qui ont cette capacité à se remettre en question, à échanger, c'est certain, mais surtout ce sont ceux qui ne se posent pas de question sur leur amour, ils ne sont pas dans le "il faut", ils *sont* dans leur amour.

8h34, vocal de Claire à Thibaud

Wouoh…
Merci pour ce partage et ces explications.

J'ai l'impression que je viens de faire un saut quantique dans la compréhension de toi mais en plus, il n'y a pas un mot que tu as prononcé là qui ne soit pas très précisément ceux que j'ai dans ma tête…
Absolument stupéfiant.
Cette sensation de te connaître enfin et d'avoir en face de moi quelqu'un qui est le miroir exact de tout ce qui se passe dans ma tête est extrêmement troublant.

Je réagis à un truc qui me fait sourire : je ne me sens pas "martienne", je me sens "extraterrestre", ce n'est pas tout à fait pareil pour moi !
Ce sentiment de ne pas savoir aimer (puisque les autres avaient l'air de savoir « faire » et moi, non) cumulé à cette manière qu'a mon cerveau de fonctionner depuis que je suis gamine, ces sortes de "compréhension" très immédiates, très intuitives, fulgurantes, qui se passent de mots, comme une espèce de connexion instantanée à l'autre, qui s'est tellement amplifiée au fil des années, et puis cette manière qu'ont mes émotions de toujours jaillir comme d'un volcan (et pour lesquelles j'ai été persuadée pendant si longtemps que c'était maaal !), c'est le mélange de tout ça qui fait que je me sens un peu "extra-terrestre".

Mais je comprends tout à fait ce que tu expliques : puisque tu me percevais "différente" et toi non, bien sûr que le lien ne pouvait pas se faire dans ta tête.
Je comprends aussi, tellement, l'impossibilité pour toi d'avouer ce "mal absolu", mon Dieu comme je comprends, c'est toute ma vie !

Et bien sûr que tes « il faut » m'ont fait bondir, nous avons baigné là-dedans tous les deux et je ne sais pas d'où on les tient d'ailleurs, tous ces « il faut… » (être attentionné, répondre aux besoins de l'autre, s'oublier pour l'autre, que ce soit intense, donner des preuves d'amour, ne faire plus qu'un…).
C'est comme s'il fallait *faire* pour aimer, alors qu'en fait c'est précisément l'inverse : puisque l'amour est « la source », il EST *originel*, quoi !
Quand tu es dans l'amour tu es naturellement *animé* par l'amour, il te met en mouvement, tu as naturellement envie de faire des choses pour l'autre (ou pas et c'est ok !), tu es naturellement porté par l'envie, tu vois ?
C'est exactement comme de pratiquer une activité qui te plait et qui t'inspire, c'est comme danser sur une musique qui te porte, c'est fluide, tu kiffes et tu n'as pas besoin d'être poussé, bien au contraire !

Et bien là c'est pareil en fait ! Intensité, sérénité... dès que tu laisses la joie et l'amour te guider, le reste suite naturellement et c'est beaucoup plus simple qu'on l'imagine en fait !

Et à part ça, oui j'ai utilisé ce terme "peur de me lasser", parce que pour moi, "se lasser", c'est un mot beaucoup plus « entendable », moins grave, moins honteux que de dire "je suis incapable d'aimer". C'est le mot qu'il était acceptable pour moi de te présenter.

Cette impression de ne pas être capable d'aimer a toujours été très douloureuse pour moi : lorsque j'ai commencé à prendre conscience de ça, vers 25 ans peut-être, je ne sais plus, ça a été hyper violent et totalement terrifiant.
Je me suis dit :"LE truc qui qualifie tous les humains, ben toi tu ne l'as pas. Tu es vraiment un déchet de l'humanité, une erreur de la vie, un rebut de la société, quoi..." (Je t'en parle, ça me fait monter les larmes aux yeux).
C'est à ce moment-là que j'ai vraiment commencé à me détester, et à trouver ou à mettre en place plus ou moins inconsciemment je pense, des "stratégies d'évitement" et des "indicateurs" qui validaient que j'étais en train d'aimer : ça me rassurait... provisoirement !
Évidemment qu'il n'était pas question pour moi de te le dire, c'était tellement honteux ! Et puis tu semblais avoir tellement besoin que je te rassure, comment te dire que c'était littéralement impossible pour moi puisque je savais qu'à terme je finirai par me "lasser", par ne plus "t'aimer", vu que c'était un fonctionnement intrinsèque, que j'étais une erreur de la nature dépourvue d'amour...
L'idée même que tu pouvais risquer de découvrir ça de moi, mon Dieu, quelle horreur, alors "me lasser", c'était moins pire, tu pouvais l'entendre, le comprendre, c'était presque rigolo, respectable...

Tu comprends d'autant mieux cette libération de dingue, il y a 3 semaines, lorsque j'ai découvert que je savais aimer, lorsque j'ai découvert que j'avais cette "source d'amour" en moi : je sais faire ! Je ne suis pas aussi détestable, je ne suis pas cette chose inhumaine, à vomir que je m'imaginais, je *sais aimer*, YOUHOU !!

Et d'un coup, bien sûr que ça dégage tout le reste ! On n'a plus de peurs, on n'a plus de "il faut", on s'en fout en fait ! Plus besoin d'indicateurs d'intensité, de perfection dans les relations (avec mes frères, mes amis, toi…) ! C'est complètement dérisoire, ça me fait presque marrer de voir à quel point je me suis accrochée à ces conneries qui non seulement ne validaient rien du tout mais au contraire, m'éloignaient de l'amour !

Déjà avec toi, je le sens, je vois que tout ça s'est volatilisé, et quel kif ! Rien que là, alors qu'on est quand même dans le dur, j'ai juste envie de t'écouter, de te comprendre, sans cette urgence que j'avais, avant soit de colère, soit de : "il faut que je l'aide à aller mieux, comme ça il se sentira bien et notre relation sera parfaite, ouf !"…

J'ai la sensation de te découvrir, vraiment, pour la première fois.
D'accéder enfin à toi, de comprendre enfin qui tu es, de te connaitre enfin en vrai, d'accéder enfin à ton côté "sombre" derrière l'image un peu trop parfaite du « Thibaud ». Je te "vois" enfin, et ça me plait !

Dimanche 6 octobre 2024

5h58, vocal de Claire à Thibaud

Bonjour ! Petite réflexion du matin, on peaufine, on a l'habitude…

Ce besoin de "validations d'amour", je pense que non seulement on se les imposait à soi-même mais involontairement on les imposait aussi à l'autre : on attendait des "preuves d'amour" qui n'étaient que le reflet de nos propres « il faut », des injonctions, des critères "volatiles", des contraintes… Mais lorsque tu attends des preuves d'amour selon tes critères à toi, forcément tu finis par être déçu, et ça t'empêche de prendre conscience que le vrai amour n'a rien à voir avec ça : l'amour inconditionnel qu'on a pour nos enfants, dans l'amitié, devant un paysage ou en écoutant de la musique, on n'en attend rien !

Je me suis réveillée avec ça ce matin, j'ai réalisé à quel point on s'était foutus dedans, et comme on avait alimenté notre propre croyance de ne pas avoir la capacité d'aimer… C'était terrible, et forcément voué à l'échec !

Et c'est marrant, cela vient faire écho à une conversation que j'ai eue avec Jules l'autre jour qui me racontait comment se mettaient en place naturellement les différences de « love language » entre lui et sa chérie : elle exprime son amour par des cadeaux ou des attentions « matérielles », tandis que lui est beaucoup plus dans le fait de « rendre service » et prendre soin de l'autre au quotidien.

Ce qui est génial c'est que, chacun connaissant le « fonctionnement naturel » de l'autre, aucun des deux n'est ni frustré ni en demande, aucun des deux n'a peur que l'autre ne l'aime pas ni ne culpabilise de ne pas « rendre la pareil » à l'autre ! Chacun exprime pleinement son amour à sa manière à soi, libre, spontanée et naturelle, sans attente, tout en ayant conscience de la manière d'aimer de l'autre.
J'ai trouvé ça vraiment chouette lorsqu'il m'a expliqué ce principe de « love language » dont je n'avais jamais entendu parler, mais je n'avais pas réalisé à quel point c'était d'actualité dans notre histoire à nous. J'adore !

8h30, vocal de Thibaud à Claire

Oui, et en parlant de différentes formes d'amour inconditionnel comme écouter de la musique ou profiter d'un lieu agréable, j'ai cherché des sensations similaires lorsqu'on est juste « bien » avec quelqu'un qui n'est pourtant pas "de ton sang", que c'est simple, naturel, basique. J'ai pensé à Elise par exemple : lorsque je vais chez elle, j'y vais de manière hyper sereine comme si j'étais chez moi, comme si on s'était vus la veille, c'est un truc hyper cool, hyper posé. Ou je pense à Pierre ou à Patrice, pour toi...

En fait il n'y a pas qu'une seule manière d'aimer mais ça passe toujours par la *sérénité*. Pas de question, pas de peur, on est juste avec l'autre et ce qui m'a vraiment sauté aux yeux ce matin (même si on en déjà parlé), c'est que dans le couple, tout ça n'est définitivement possible *que* sous le même toit.
Ça revient à ça, à chaque fois, et tant qu'on n'a pas cette possibilité-là, alors ce n'est plus possible d'être ensemble, c'est une évidence.
Ce n'est pas le manque d'amour qui fait que l'on soit séparés, c'est l'impossibilité de vivre cet amour sereinement, ensemble, sous le même toit.
On sait toi et moi que c'est la seule réalité possible.

9h17, vocal de Claire à Thibaud

Oui voilà, c'est exactement ça ! Lorsque c'est serein, fluide, naturel, qu'on est juste bien et quelles que soient les circonstances ou les personnes, ça vient du même endroit dans le cœur, c'est joyeux et insouciant !
Donc évidemment que l'on sait aimer, quelle question débile !

Et même cette année à venir avec laquelle on n'a de toute façon pas le choix, même cette décision de se séparer, elles viennent de la même source, de cet espace où toutes les libérations, les partages et les compréhensions sont possibles !
C'est de loin ce qui pouvait nous arriver de mieux, et même si ça a été un peu douloureux et que ça semble un peu contre nature, c'est « aligné » et « cohérent ».

12h11, vocal de Thibaud à Claire

Oui, on met notre amour... alors j'allais dire dans du "formol", non c'est horrible, le formol, c'est mort ! On va plutôt dire qu'on le met dans un écrin pour le protéger, pour se protéger, et qu'en effet on l'ouvrira plus tard, ensemble ou pas...
Il y a une vraie volonté de protéger ce que l'on a construit, ce que l'on est, ce que l'on a, même si sur le papier et au regard des autres ça peut sembler complètement idiot, même si ça va tellement à l'encontre de la société et de ses injonctions, on s'en fout, voilà.

On est arrivés en même temps tous les deux à cette fin d'histoire, avant de pouvoir en vivre une autre un jour, peut-être.

Jeudi 10 octobre 2024

14h47, vocal de Thibaud à Claire

Bonjour ma chérie. Tu es dans ma tête 24 heures sur 24, c'est hallucinant.

J'ai un grand besoin de vivre des parenthèses comme celle que l'on a vécue dimanche après-midi. Je suis arrivé chez toi hyper cool, tu m'as prévenue que tu étais fatiguée mais j'en avais rien à foutre, j'avais besoin de te voir, c'était important, point. Je n'avais rien prémédité de ce qui a suivi et toi non plus évidemment, on avait juste envie d'être là, de se parler, de se voir…

Ce sont des moments magiques dont on a besoin tous les deux et je suis rentré dimanche soir dans cette émotion-là, celle de s'être retrouvés un peu, comme si cet après-midi avait conclu de la plus jolie des manières toutes ces réflexions, tous ces messages, tous ces questionnements depuis un mois.

Et depuis dimanche soir je suis absolument épuisé (et pas seulement à cause du burineur dans la chambre de Rose !). Je suis épuisé, épuisé ! Je m'endors devant les séries donc inévitablement je n'arrive pas à les suivre, je m'endors dans les bouquins que je n'arrive pas à finir, je suis rin-cé !

J'ai vraiment ce sentiment profond qu'on est sur le bon chemin, toi et moi, je pense que cette énorme fatigue c'est aussi le soulagement de tout ça, le soulagement de voir qu'on est capables de se voir malgré tous les mots, malgré la séparation, qu'on est capables d'être ensemble, de se caresser, de s'embrasser... Quel plaisir de pouvoir se voir, parler ensemble de choses et d'autres, de rien, ou même d'imaginer être dans le même lit, j'y pense très souvent le soir quand je bouquine :"Tiens, j'aimerais bien qu'elle soit là"...

Peut-être que ça ne durera pas, je n'en sais rien, j'avoue, mais là maintenant, il y a une vraie envie de tout ça. Je t'embrasse très fort.

14h52, vocal de Claire à Thibaud

Ah oui, moi aussi je suis rincée, je n'arrête pas de dormir, je fais des nuits de 10 heures, des siestes de 2 heures chaque jour... Dingue !
Et quant à dimanche, oui, tout pareil... Ça a été très doux de t'entendre exprimer ton ressenti sur cet instant-là parce que ça faisait écho avec le mien, ça résonnait : la sensation qu'on est sur le bon chemin, cette capacité de pouvoir être ensemble, même avec ce qu'on vient de traverser... On en est là quoi, waouh ! C'était très doux et très joli de te l'entendre dire.

En revanche, je dois relever un truc, qui est présent presque à la fin de chacun de tes messages, et sur ce dernier, là, ça m'a vraiment frappée... Peut-être que c'est un vieux "reliquat" qui traîne, un vieux réflexe de ta part, mais je ne peux pas ne pas t'en parler, parce que je pense que ce n'est pas anodin...
(Tant qu'il y a encore un petit truc qui gratte, qui me questionne, qui m'effraie, alors je vais le chercher, le débusquer, comme ce petit pignon de pin quand on était en vacances à Arcachon, tu te souviens ? Oh la la, pardon pour cette image qui me vient, mais c'est drôle et tellement ça : c'était le soir où j'avais été super malade, je n'arrêtais pas de vomir alors que je n'avais plus rien dans le ventre et ça durait, ça durait... Et enfin, au bout de je ne sais plus combien de temps, j'ai sorti un dernier petit pignon de pin qui

avait dû rester coincé dans un recoin de l'estomac, et là enfin je me suis sentie vraiment libérée !
Désolée pour cette métaphore, hein, mais c'est celle qui me vient ! On a vidé le plus gros, mais tant qu'il reste un petit pignon de pin, pas de libération possible ! Bref !)

Tu as conclu ton message par :"Enfin, bon, je ne sais pas si ça durera, on verra…", or tu termines environ un message sur deux par ce genre de "modération" sur l'avenir, comme si tu avais encore besoin de me le rappeler, comme si cette vieille peur de me trahir ou de me faire du mal était encore bien présente, quelque part dans un coin de ta tête…
J'ai entendu dans cette phrase encore un truc de l'ordre de "il faut que je lui dise sinon je ne serais pas honnête", et donc je veux vraiment revenir dessus.

Tu sais, j'ai commencé à retranscrire sur Google docs tous nos échanges depuis mi-septembre, et en me replongeant là-dedans, je me rends compte de manière encore plus évidente du chemin parcouru en trois semaines, de *mon* chemin parcouru, cela me semble gigantesque.

J'ai définitivement compris que ni toi ni moi ne pouvions être sûr à 100 % que dans un an ou 10 ans on aurait encore envie d'être ensemble mais que le seul truc qui nous empêchait de vivre pleinement notre amour à l'instant T - et donc… de le *faire durer* ! -, c'était uniquement la peur de ne pas être sûr de s'aimer encore dans le futur !
C'est vraiment cette prise de conscience qui a fini de me libérer totalement de cette peur-là. Ça ne veut pas dire que je suis certaine que ça n'arrivera jamais, simplement je n'en ai absolument plus peur, je m'en fous en fait, il n'y a plus de question, plus de dossier, et quand j'y pense, c'est juste tranquille.
Ça ne signifie pas que j'ai *envie* que ça arrive, mais je n'ai *plus peur* que ça arrive, ni de ton côté ni du mien, surtout que l'un comme l'autre nous avons

besoin de ce fameux 10 % de doute et de ne pas avoir de certitude absolue de l'amour de l'autre.

Or je perçois que cette peur est encore là chez toi… Ta peur fondée sur tes doutes envers toi-même d'avoir ou pas la capacité d'aimer, je m'en fous, Thibaud, tu comprends ?
Je ne le dis pas pour te faire plaisir, je m'en fous de te faire plaisir ! Je te le dis parce que les libérations sont tellement dingues depuis 3 semaines, de tout, sur tout, entre moi et moi, que quoi qu'il arrive j'ai déjà tout gagné ! Je suis sereine, quoi qu'il arrive, seule ou avec toi.
J'ai juste envie qu'on passe du temps ensemble comme dimanche après-midi, et voilà !

18h06, vocal de Thibaud à Claire

Oui, pour que tu comprennes un peu mieux et être totalement transparent, j'ai peur du *déséquilibre*, voilà.
Je ne suis pas encore avancé là-dessus, je ne suis pas encore serein avec la peur de ne plus t'aimer, ou que tu ne m'aimes plus. J'ai peur du déséquilibre qui pourrait survenir à un moment, si demain tu m'aimes plus que moi je ne t'aime ou l'inverse, parce que j'ai peur de souffrir mais j'ai surtout peur de te faire souffrir, toi.
Même si je suis conscient comme tu le dis que c'est *maintenant* en effet que l'on s'aime et que l'on est "ensemble" sur le bon chemin, malgré tout j'ai besoin de trouver de la sérénité car elle n'est pas encore totalement ancrée en moi.

Donc oui j'insiste parce que je ne veux pas de ce déséquilibre qui me fait peur, qui me fait culpabiliser, même si je vois bien que tu es sereine par rapport à ça et que je ne devrais pas m'affoler, mais c'est comme ça.

18h37, vocal de Claire à Thibaud

Ok, alors voilà ma question : qu'est-ce qu'il faudrait pour que tu te libères enfin de cette peur-là ?
La peur de faire mal à l'autre nous a bridés tous les deux depuis le début, elle est encore en toi alors que je m'en suis libérée : je sais qu'on s'est trouvés, qu'on s'est reconnus, et ça, même si on n'est plus jamais ensemble, ça restera toujours puisque c'est "indépendant" de l'amour, c'est presque factuel, point.
Donc là-dessus on a déjà tout gagné : on a trouvé notre alter ego, il existe un "autre moi" sur cette planète, le reste c'est du bonus !

Et puis j'ai cette joie d'avoir trouvé la source d'amour à l'intérieur de moi, je sais à quoi ça ressemble, ça m'a réconciliée avec moi-même, avec les autres, avec la vie, et ça a tout changé pour moi.
J'ai vu que je t'aimais, que tu étais dans la "source, j'aime être avec toi et je l'ai constaté dimanche alors même que nous ne sommes "plus" ensemble.
Lorsqu'il n'y a plus de peurs, alors on est juste dans la vie, libres, sereins, on est juste bien ensemble dans cet amour fait de quotidien et de choses « normales », ou l'autre est là ou pas, qu'il fasse la gueule ou pas, et voilà : ça c'est aimer, et nous en sommes là tous les deux.

Je n'ai aucune idée si j'aurai cette envie d'être avec toi jusqu'à la fin de mes jours, mais je sais que ça va se jouer entre "je suis joyeuse avec lui, c'est ok", ou bien "je ne suis plus joyeuse avec lui, quelles que soient les raisons, donc je suis mieux seule, et c'est ok aussi".
Et si le déséquilibre arrive, ce sera un déséquilibre de sérénité, parce que tu continueras d'avoir des peurs qui - pardon ! - nous cassent les couilles !

Ce qui me trouble et que je ne comprends pas, c'est que cette envie de "nous" tel qu'il est aujourd'hui, serein, libre, heureux d'être ensemble (ou

pas !), tu l'as aussi, tu ne parles que de ça, tu ne rêves que de ça, et tu le vois bien, là, qu'on y est *déjà* ?!
On est déjà dans cette tranquillité, on est déjà dans cette sérénité lorsqu'on est avec l'autre, et même dans la manière dont on se parle depuis un mois, on y est *déjà* !
Je trouve ça étonnant que tu en sois encore là alors que tout ce qu'on évoque depuis un mois, ben tu l'as sous le nez, alors quoi ?

Cette peur qui est encore là, que presque tu *entretiens* et tu *alimentes*, tu le vois bien que c'est elle ton seul frein aujourd'hui, que c'est elle qui t'empêche précisément d'être serein là maintenant tout de suite, et qu'elle est potentiellement la meilleure chance d'abimer ce qu'on a là ?

Je... Pardon, j'te jure, vraiment pardon, mais y'a un truc là, dans ma tête, qui monte en fait : « Mais il va nous emmerder encore longtemps avec ses conneries ?! C'est bon, quoi, qu'il arrête de nous faire chier, et gnagnagna, j'ai peur de ci, j'ai peur de ça...! » Pardon, hein !
J'ai envie de te dire : "Sérieux, tu sais quoi ? Bouge, débarrasse-toi de cette peur ! T'as peur de quoi, de me blesser ? Si tu me blesses, je finirai ma vie toute seule, je vais morfler 5 minutes mais après je serai tellement tranquille et libre, tu comprends ?!"

Bon, et donc qu'est-ce qu'il te faut pour te libérer de ce truc et arrêter de nous saouler ?
C'est une vraie question !
Non pas pour que je te donne des réponses, mais juste pour comprendre et être fixée, quoi !

19h18, message de Thibaud à Claire

Ben voilà exactement le genre de message qui m'enlève cette peur !!

19h25, vocal de Claire à Thibaud

J'ai même envie d'ajouter un truc : dans notre vie future, c'est une certitude qu'il y a des moments où on va moins s'aimer ! Comme il y a des moments où nos enfants nous gavent, comme il y a des moments où on est de mauvaise humeur en vacances, comme il y a des moments où il pleut aux Seychelles, oui, il y a des moments où ce sera comme ça, mais c'est ça, la vraie vie ! C'est comme ça que ça se passe avec les gens qu'on aime, et même avec nos enfants, c'est pour ça aussi que je n'en ai fondamentalement plus peur.

Mon Thibaud, je ne vivrai pas avec quelqu'un qui a peur, ni maintenant dans un non-quotidien, ni plus tard. Je suis fa-ti-guée de tout ça, je n'ai plus l'âge de ces conneries, tu comprends ?

Je te dis ça, ce n'est surtout pas pour te mettre la pression, c'est même exactement l'inverse ! Reste avec ça si tu veux ou si tu n'arrives pas à t'en libérer, je comprends, il ne suffit pas de claquer des doigts pour se libérer de ses peurs, mais moi je ne me gâche plus le quotidien avec ce genre de conneries…
Voilà… Je te pose les choses là, exactement de la même manière que toi tu le fais.
Je t'aime, mon Thibaud, mais tu nous emmerdes, là !

20h10, vocal de Thibaud à Claire

C'est ridicule… Oui, non, tu as raison ! En effet, c'est complètement ridicule, je… C'est de l'énergie inutile qui ferait mieux d'être investie dans la bonne voie, dans la manière dont on s'aime, dans l'amour, dans la simplicité, la sérénité justement, voilà…

Ces bribes de machins, de peurs de faire mal à l'autre, de trucs, de bordel, c'est beaucoup d'énergie, beaucoup de lassitude...
En plus, je sais parfaitement comment tu fonctionnes : à un moment le bouton off est tourné, c'est comme ça et puis voilà. Et bien sûr que ce genre de peurs accélère le mouvement parce que t'as plus envie de te faire chier (et moi non plus), et que ce n'est pas nous deux quoi ! Pffff...
Donc oui, évidemment que c'est fatigant, on ferait mieux d'investir cette énergie ailleurs !

Bref moi aussi je t'aime voilà, on peut investir cette énergie à se dire qu'on s'aime, et puis à partir ensemble en week-ends aussi, voilà, j'en ai envie, et quoi te dire de plus ?
Rien, je t'aime, bonne soirée.

Vendredi 11 octobre 2024

12h17, vocal de Claire à Thibaud

(Ton message m'a bien fait rire !)
Je voudrais revenir quelques minutes sur un truc dont on a déjà parlé parce que je crois que toi et moi nous avons confondu "aimer" et "aimer passionnément" comme on pourrait confondre "marcher" et "courir" : c'est très bien d'aimer de temps en temps de manière intense, folle, avec des vibrations hyper fortes ! C'est magnifique et euphorisant, mais c'est comme courir : ça ne tient pas sur la durée et ça ne nous emmène pas très loin…

Tous ces critères d'intensité dont on avait besoin pour valider que nous étions en train d'aimer, non seulement ils ne valident pas l'amour, mais même ils ne *sont pas* l'amour. Ce sont des pics de passion, d'intensité, de moments "parfaits", tout ce qu'on veut, mais ça n'est pas "l'amour" : ils peuvent exister sans amour (comme une amourette d'été), et ils peuvent ne pas être présents, alors même que l'amour est inconditionnel (comme avec nos enfants).

Alors oui, par moments, l'amour peut prendre cette forme-là, comme quand tu arrives aux Seychelles la première fois où tu prends une claque de dingue, ou quand tu vis des trucs trop cools avec tes gosses, ou quand tu fais l'amour de manière démentielle, que tu te sens fou amoureux, oui, ça peut prendre cette forme-là… Mais ce ne sont *que* des pics d'intensité, qui ne peuvent se manifester *que* lorsque tu as lâché la croyance qu'aimer doit toujours ressembler à ça, lorsque tu as cessé de vouloir reproduire désespérément ces trucs-là, de courir après ça, pour te rassurer sur ta capacité à aimer !

Toi et moi, on s'est accrochés à ça pendant longtemps, et comme on n'arrivait pas à le vivre sur la durée ça venait alimenter notre croyance qu'on n'était pas capables d'aimer.
Nous avons confondu « intensité » et « joie intérieure », or c'est la recherche désespérée de la première qui empêchait la seconde de se manifester naturellement…

Et tu vois, depuis qu'on a commencé à lâcher ça, on a retrouvé de la sérénité et du kif d'être ensemble, et donc une forme d'*intensité* dans nos échanges, dans notre "présence" l'un à l'autre. Tu es bien avec l'autre, bien dans cette façon de vivre cet amour sans forcément mettre des mots dessus, tu es juste là, présent, dans l'instant, tu savoures mieux, tu rigoles, tu profites…
Dimanche après-midi, c'était intense, mais pas intense comme avant : c'était intense joli, intense doux, intense serein.
Ça n'a plus rien à voir avec ce machin « urgent », tendu, qui bouffe de l'énergie, sur lequel on avait tout misé avant. C'est plus "tranquille" mais tout aussi puissant, c'est une chaleur interne, joyeuse !
C'est intense mais différemment, ça donne une autre dimension et tu comprends que c'est ça, aimer !

6h15, échange entre Thibaud et Claire

- Oui, ça me parle ! Mais heu… Moi j'aime bien courir aussi !
- Personne ne t'empêche de courir, mon Thibaud, mais regarde comme tu aimes « marcher » avec moi ! Dans les villes, sur les plages, en bord de mer, en montagne…

- Oui... J'adore !!
- Et puis moi, de toutes façons, courir tout le temps, je ne peux plus, ça me... *fatigue* !
- Oui ma chérie, je sais. Je suis fatigué moi aussi.

Alors profitons de nous, de notre amour et de se voir comme on le fait là, j'en ai envie et toi aussi ! Tu as raison : on fait ce qu'on veut, on se voit comme on veut, on invente cette année à venir à notre façon, dans ce paradoxe de s'aimer sans être "officiellement" ensemble, puisque le quotidien n'est pas possible. Je t'aime ma belle.

*****

Samedi 19 octobre 2024

9h09, échange entre Claire et Thibaud

- J'ai le cœur un peu lourd depuis 48 heures. Malgré tout ce que l'on vit depuis cette dernière semaine et ce bonheur tellement joli, il y a une tristesse qui remonte…
- Tu sais pourquoi ? Tu veux m'en parler ?
- Oui, et non.
- Tu peux passer à mon atelier cet après-midi si tu veux, j'y serai, je dois découper des palettes pour en faire du petit bois pour ma cheminée.
- Oui, ok, mais on n'en parle pas.
- Ok.

18h31, message de Claire à Thibaud

La tristesse s'installe mais en réalité, le plus triste pour moi c'est de constater que j'ai peur de t'en parler, que j'ai peur de mes réactions et des tiennes : j'ai la sensation que nous avons replongé dans notre caca…

J'entends comme tu martèles lourdement chaque jour que "c'est terminé" et que "nous ne sommes plus ensemble", cela fait écho à ces nombreux messages que tu concluais par "je ne sais pas si ça va durer" : comme si tu voulais être sûr que j'ai bien compris l'info et que je ne me fais aucune illusion sur tes sentiments à long terme.

Je sens que tu flippes à nouveau, il y a comme une distance qui s'installe, j'ai l'impression que tu t'éloignes, presque que tu me "fuies" un peu, même si tes paroles, tes regards et tes câlins sont toujours empreints d'amour…

C'était flagrant dans ton atelier hier après-midi : à deux ou trois reprises je me suis vue à nouveau dans cet état d'hyper-vigilance, à guetter dans ton attitude la moindre gêne, le moindre signal m'avertissant que quelque chose avait changé en toi. J'ai perçu tes quelques regards fuyants, ton malaise, et je sais que tu le sais.

Ta peur du déséquilibre est encore là, je la sens et je ne comprends pas pourquoi, ça me fait chier et ça me rend vraiment triste.

De nouveau je ne me sens plus libre de te parler ni d'être moi-même, j'ai l'impression qu'au moindre mot de travers de ma part, au moindre doute, tu vas te refermer comme une huître, tu vas repartir en courant et me dégager…

Il n'y aura jamais de sérénité, tu auras toujours cette peur de toi-même, de tes sentiments, de mes réactions, et ça va toujours nous bousiller.

Je suis fatiguée de tout ça, fatiguée… Voilà ce qui me rend le plus triste : si ça doit finir entre nous, ce sera uniquement à cause de tes/nos peurs, mais pas à cause du manque d'amour, putain mais quel gâchis !

Dimanche 20 octobre 2024

8h49, vocal de Thibaud à Claire

Bonjour ma chérie.
Plusieurs choses par rapport à tout ça.

D'abord, ma vision de notre amour est de plus en plus claire, lumineuse, et là-dessus non, je n'ai plus aucun doute.
Toutes nos discussions m'ont amené à comprendre que je *savais* aimer, que j'avais cette capacité à aimer "l'autre" de manière tout à fait sereine et même si bien sûr je ne t'aime pas de la même manière que j'aime mes enfants ou sous une forme encore, Elise ou même Franck, je sais que cette base-là est la même : on est juste bien l'un avec l'autre sans se poser de questions, c'est cool, naturel, tout est simple sans "il faut" ni "je dois"...

Je sais profondément que je t'aime et cette vision de nous deux finissant notre vie ensemble est désormais une évidence.
Cette découverte est importante pour moi, et je sais d'ailleurs que la relecture de nos échanges ancrera tout ça de manière encore plus forte en moi, tout comme c'est le cas pour toi en ce moment.
Je ressens en moi de la sérénité, et je sais que tu la perçois.

En revanche, en effet j'ai un sentiment fort qui est présent depuis peu et qui me pose vraiment un problème : peut-être que je me trompe ou pas, peut-être que tu en es consciente ou pas, mais j'ai la sensation que tu heu… que tu "résistes" à notre séparation, que tu ne l'acceptes pas.

A aucun moment, tu ne mentionnes que nous ne sommes plus ensemble, à *aucun moment* ! Tu agis et tu parles comme si nous étions toujours un couple, et c'est encore plus flagrant dans ton dernier message. J'ai l'impression que tu "occultes" notre rupture, presque comme si tu "l'oubliais", ou je ne sais pas….
Cette décision d'arrêter a été douloureuse à prendre, mais on l'a décidée et validée ensemble, ma chérie, et on sait pourquoi elle était indispensable.

Alors oui, c'est vrai que ce que nous vivons est paradoxal parce qu'il y a tout cet amour et ce besoin viscéral de se toucher, de se serrer dans les bras, de s'embrasser, il y a tout ce bonheur de se voir et de passer tous ces moments ensemble dans ce kif et cette libération de s'être enfin retrouvés, libres et sereins, enfin débarrassés de tout ce poids, toute cette pression et toute cette colère, mais notre rupture est bien réelle pour moi, je pense que tu le sens et que ta tristesse vient de là.

Tu as l'impression que je m'éloigne ou que je t'oublie alors que non, ce n'est pas exactement ça : tu es dans ma tête h24, je pense à toi tout le temps et tu fais partie de ma vie même en étant "officiellement" séparés mais… Mais j'ai cette problématique qui n'est pas négligeable pour moi : nous ne sommes pas dans une présence physique l'un de l'autre, nous ne pouvons pas vivre ensemble dans ce quotidien dont j'ai tellement besoin, et cette problématique est insoluble aujourd'hui.

J'ai enfin trouvé la liberté, elle est viscérale et indispensable pour moi, et j'y ajoute aussi ce besoin absolu de me retrouver seul, de prendre du temps pour moi et de profiter de cette chance démentielle d'avoir Rose pour moi tout seul (comme tu l'as toi avec Gabriel avant qu'il ne quitte la maison).

Cette liberté-là c'est ma priorité, point. Personne, ni rien au monde ne viendra la perturber ou la gâcher.

Donc oui j'ai cette problématique-là, cette dualité : on ne peut pas vivre ensemble actuellement, ma liberté et ma sérénité ne sont plus négociables et en même temps, il y a ce désir dingue et le bonheur de ce que l'on vit actuellement.

Donc cette sensation que tu as, non pas de "rejet" mais peut-être de "distance", elle vient de là, de cette dualité en moi, et c'est sans doute ce qui a déclenché cette tristesse en toi.
C'est paradoxal je sais, je n'ai pas de réponse à tout ça mais c'est comme ça.

10h12, vocal de Claire à Thibaud

Oui, ton analyse est bonne, tu as complètement raison : j'étais triste parce que je te sentais t'éloigner sans comprendre pourquoi.
Merci pour ce message hyper éclairant sur ton ressenti global, il me permet de mieux te comprendre et me pousse aussi à m'exprimer sur ce que je vis par rapport à notre situation actuelle.

Je n'étais pas dans une "résistance" ou dans le "déni" face à notre séparation, c'est beaucoup plus simple que ça : pour moi et jusqu'à ton dernier message cette séparation n'avait tout simplement plus aucun sens, plus aucune utilité, plus aucune raison d'être. Je m'explique !

Comme tu sais, ce schéma dans lequel nous sommes actuellement, c'est très exactement *le* schéma idéal auquel j'aspire depuis des années – toujours dans le contexte où nos enfants vivent encore avec nous.
Dans ce "schéma idéal" nous sommes un couple amoureux et heureux, mais puisqu'on ne peut pas vivre sous le même toit, chacun de nous reste

totalement libre de ses mouvements, libre de se voir ou pas, libre de ses actions seul ou à deux, tout en profitant pleinement de cet amour que nous avons l'un pour l'autre et du bonheur fou de passer du temps ensemble lorsque cela est possible, lorsque nous sommes *disponibles* l'un pour l'autre, sans pression ni contrainte.
Voilà le topo !

Sauf que nous évidemment, depuis 11 ans, nous étions à des années-lumière de cet équilibre-là : nos aspirations divergeaient complètement, c'était juste l'enfer et bon bref, on ne va pas refaire le film, on sait que c'est ce qui nous a conduit à cette décision de nous séparer.

Mais moi j'ai *tellement* espéré que l'on trouve enfin cet équilibre et que l'on parvienne enfin à vivre pleinement notre amour dans ce "non-quotidien", que d'avoir d'un coup l'impression qu'on avait réussi, c'était juste dingue, tu comprends ?
"Etre ensemble sans vivre ensemble" ressemblait enfin à ce que j'avais toujours imaginé : entre nous c'était joli, c'était serein, on était trop bien, et puis il y avait un tel soulagement de s'être enfin libérés de toute cette crasse ! J'étais joyeuse, insouciante, je savourais juste ce bonheur de nous être enfin "trouvés", j'étais certaine qu'on était sur la même longueur d'ondes, qu'on était enfin *"compatibles"*, tout était naturel, hyper facile et cool, "bio" quoi !
Donc non seulement je n'étais pas en train de "nier" ou de "résister" à notre séparation, mais je ne me posais tout simplement pas la question !

Je me suis complètement laissée embarquer par ce truc fou de vivre enfin ce à quoi j'avais aspiré toutes années, et ça m'a visiblement fait perdre de vue la... heu, la réalité. Et même si, oui bon, officiellement on était "séparés", pour moi c'était un détail "d'appellation" quoi, mais toi et moi on savait très bien qu'il n'en était rien !

Donc voilà où j'en étais, et c'est pour cette raison que ces derniers jours m'ont littéralement glacée lorsque j'ai commencé à percevoir que quelque chose n'était pas aussi fluide que je le croyais.
Tes regards, tes paroles ou tes bras étaient toujours aussi remplis d'amour, mais j'ai perçu un éloignement léger dans nos conversations, j'ai entendu que tu rappelais un peu trop souvent que "c'était bel et bien terminé", je trouvais ça bizarre, j'ai commencé à flipper et à me sentir triste.
Je ne comprenais pas en fait ! Je savais quel kif c'était pour toi d'avoir enfin découvert la liberté dont tu avais tant manqué et combien elle était déjà indispensable pour toi, je savais qu'on s'était libérés de tout ce qui te pesait tant : nos peurs, nos rancœurs, notre colère... On s'était compris, on était raccords, on s'aimait, bref tout était là quoi, mais alors pourquoi refusais-tu notre couple, c'était quoi ton problème en fait ?

A l'incompréhension a succédé la tristesse puis l'inquiétude : si tu me rejetais c'est que tu avais de nouveau des doutes sur ton amour pour moi, c'est que tu te sentais moins amoureux, que tu avais de nouveau peur du déséquilibre, et tes petits "rappels à l'ordre" plus ou moins subtils étaient supposés m'alerter sur tout ça.
Retour à la case départ : tout ça pour ça alors ?

Voilà mon Thibaud, c'est pour cette raison que ton dernier message est si précieux et lumineux pour moi : je comprends combien il est important pour toi que nous soyons *vraiment* séparés, je comprends ce vent de panique à l'idée que l'on se remette ensemble, à l'idée d'être privé de cette liberté toute neuve que tu viens de toucher du doigt (vivre serein, profiter de ta fille, ne plus avoir à te poser de questions...), à l'idée de te retrouver à nouveau étouffé dans notre ancien schéma, écrasé sous la pression que ce non-quotidien ne manquerait pas de provoquer à nouveau.
Bref, je comprends vraiment que "nous" n'est juste plus du tout possible pour toi dans le contexte actuel, et que ce qui te mettait aussi mal à l'aise

était le déséquilibre de perception de ce que nous étions en train de vivre, mais pas le déséquilibre de nos sentiments.

Merci de m'avoir parlé de la sérénité que tu ressens du fait d'avoir compris que tu savais aimer, merci de ta confiance en notre avenir, merci pour ton message et ces explications, ça me rassure, ça m'apaise et ça me fait du bien.

19h10, vocal de Thibaud à Claire

Oui, je reviens sur ce que tu dis à propos de ton schéma idéal : c'est marrant que tu parles de notre contexte actuel comme de ce fameux "schéma idéal" car moi aussi je me suis fait cette remarque à deux ou trois reprises : que nous étions finalement parvenus à ce que tu avais attendu pendant si longtemps (et d'ailleurs, quel dur labeur pour en arriver là !).

A part ça, oui je sentais ce déséquilibre, je le voyais bien... Samedi, lorsque tu es passée à l'atelier et que je t'ai raconté comment j'avais appris à Lucie que c'était terminé entre nous, j'ai bien vu l'émotion, l'inquiétude et la tristesse dans ton regard.
Et oui je ressens de la peur face au déséquilibre présent : c'est la peur panique de perdre cette liberté à laquelle j'ai goûté et qui est désormais un besoin absolu et indiscutable, la liberté de m'occuper de moi, de ma fille, de mon travail, de faire des choses sans avoir à m'organiser en fonction de nous, sans cette charge mentale et cette frustration de ne pas pouvoir physiquement vivre ensemble.

Alors c'est vrai que j'insiste lourdement : "Attention ! Non, nous ne sommes plus ensemble !", parce que je me connais et que je sais qu'avec le ras-le-bol je pourrais finir par te rejeter... J'ai très peur de commencer à dériver et qu'on parvienne exactement là où on ne voulait pas arriver, c'est-à-dire à se détester mutuellement.

J'ai toujours en tête l'image de cet amour que l'on garde précieusement dans un écrin pour ne pas l'égratigner, pour ne pas le gâcher et le garder intact pour la suite, dans un an par exemple - puisque ce timing-là reste pour moi très précis et bien ancré.
Mais si on ne vit pas là maintenant cette liberté dont j'ai tellement besoin, alors c'est évident qu'on ne se remettra jamais ensemble.

19h40, vocal de Claire à Thibaud

C'est bien que l'on se comprenne toujours un peu plus, toujours un peu mieux mais en même temps, je commence vraiment à être fatiguée de tout ça, fatiguée de toutes ces peurs... J'ai le sentiment qu'il en restera toujours une qui traine, alors que nous avons tout et que tout me semble tellement simple ! J'ai une baisse d'énergie, une baisse de... d'élan, d'envie, je suis fatiguée.

Lundi 21 octobre 2024

8h18, vocal de Claire à Thibaud

Un paradoxe me saute aux yeux : j'ai parfaitement compris tout ce dont on parlait hier et ton besoin de liberté incompatible avec "nous ensemble", sauf que dans les faits, Thibaud, actuellement nous *sommes ensemble*.

Nous *sommes ensemble* dans la manière dont on "pense" l'autre, dont on "envisage" l'autre, dont on laisse notre amour s'exprimer librement, lorsque l'on se voit et lorsque l'on ne se voit pas…
Nous *sommes ensemble* dans nos baisers, dans nos caresses, dans notre désir…
Nous *sommes ensemble* lorsqu'on se regarde, lorsqu'on se prend dans les bras, lorsqu'on se touche, lorsqu'on se respire, lorsqu'on fait l'amour !
Chaque moment de nous déborde d'amour et du bonheur d'*être ensemble* !

Tu redoutes cet entre-deux dont le souvenir douloureux te plonge dans l'angoisse absolue, et je comprends vraiment que ce soit beaucoup plus rassurant pour toi de te "convaincre" que nous sommes séparés, mais dans les faits nous y sommes dans cet entre-deux, pleine balle !

Pardon pour la métaphore mais c'est un peu comme si tu voulais le beurre, l'argent du beurre, le sourire de la crémière et son joli petit cul, mais sans être emmerdé par la crémière et ses envies d'être avec toi, quoi !

Il est temps de mettre un peu de cohérence dans tes besoins, j'ai presque envie de dire - et pardon, c'est un peu violent ! -, que tu arrêtes de te mentir, que tu sois honnête envers toi-même et envers moi, il est temps de mettre un peu de cohérence dans tout ce bordel !
Cette situation n'est plus possible, ni pour toi, ni pour moi : toi, ça te maintient *de facto* dans cet entre-deux insupportable à vivre, et moi cela m'empêche de le vivre aussi sereinement que j'en rêverais. Ca commence déjà à re-créer de la merde, de la méfiance, des peurs, des réactions envers l'autre et ça va très mal finir, je le sens moi aussi, ça me terrifie et je n'en peux plus...

Alors on arrête ces conneries, on arrête de se voir, on arrête de penser à l'autre, on arrête de laisser vivre cet amour, on arrête de bander en pensant à l'autre, on arrête "d'envisager" l'autre tel que l'on continuait de le faire, on arrête de le désirer, on ne se galoche plus lorsqu'on se croise, bref, on y va franchement quoi !

Je suis triste et tellement lassée de tout ça... J'ai l'impression d'avoir touché du doigt le bonheur avec toi, de l'avoir savouré quinze jours et puis hop ! Confisqué à nouveau, et définitivement cette fois-ci.

19h44, vocal de Thibaud à Claire

Oui. Je vois bien que cet entre-deux me fait paniquer, donc il faut arrêter.

Ce n'est pas tant de vouloir le beurre et le cul de la crémière, mais je suis en déséquilibre, c'est vrai, j'ai à la fois une partie de ce que je veux tellement mais je n'en ai qu'une infime partie, et j'ai très peur de retomber dans la frustration, la colère, "il faut" s'organiser pour passer un week-end ensemble, pour machin, pour truc etc..., non, non, NON !

Je ne suis pas prêt et je ne le serai peut-être jamais, je n'en sais rien, mais là ce n'est plus possible.

Cela fait 10 ans que je suis frustré de ce non-quotidien, même si je sais qu'à une époque j'ai profondément aimé cette manière de vivre... Je me rappelle de ce moment il y a quelques années, on rentrait de Saumur, on venait de faire l'amour, et je t'avais dit à quel point j'aimais notre vie telle qu'elle était. J'étais profondément sincère, j'étais bien, j'étais serein, mais ne pas pouvoir vivre avec toi c'est devenu tellement pesant, tellement difficile...

Aujourd'hui on s'offre cette séparation, je goûte à nouveau à cette sérénité et je ne veux plus la perdre.
Cette situation n'est pas gérable, j'ai trop envie de toi, j'ai trop besoin de toi, je ne suis pas capable de vivre notre amour comme toi tu es capable de le faire, alors que j'aimerais tellement, je t'envie de ça, tu n'imagines même pas !
J'ai conscience que c'est peut-être ridicule mais je préfère me passer de toi, me passer de te prendre dans les bras plutôt que de regretter et de tout perdre à nouveau... Oui c'est gâché et c'est de la connerie absolue, mais c'est comme ça : là, maintenant je ne peux pas, j'en suis profondément et sincèrement incapable, ça va trop loin, je ne maîtrise plus rien, je suis en panique et je ne peux plus rester là, dans cet entre-deux !

Et au fond tu sais, dans ce message d'hier où je t'expliquais ma problématique, même si comme d'habitude je ne te l'ai pas dit franchement pour ne pas risquer de te faire du mal, en fait c'est à ça que je pensais : qu'il fallait vraiment que *tout* s'arrête.

20h10, vocal de Claire à Thibaud

Je comprends tellement… Je comprends ta peur panique, d'ailleurs elle fait écho avec ce moment où tu venais de retrouver ton passeport et que je t'ai proposé de prendre un vol pour Ibiza, je vois bien que c'est la même réaction viscérale, fulgurante, automatique de ton cerveau reptilien face à ce danger imminent d'être à nouveau ensemble dans cet entre-deux. Ça me donne même encore plus la mesure du "traumatisme" que tu as vécu toutes ces années (même si le mot est un peu fort).

Mais en même temps, tout ça vient conforter cette sensation qui monte qu'il y aura toujours "quelque chose", toujours une peur qui traine, un truc pas équilibré qui effrayera l'un ou l'autre, on sera toujours en train de marcher sur des œufs ou de je ne sais pas quoi, il y aura toujours de la merde, on n'y arrivera jamais…

Si au moindre doute de ma part, si au moindre déséquilibre tu pars en panique, tu me rejettes, si je suis sur un siège éjectable à tout moment, c'est juste invivable en fait. J'ai vécu jusque là avec une épée de Damoclès au-dessus de la tête, désormais je suis assise sur un siège éjectable avec ton doigt posé sur le gros bouton rouge, prêt à m'envoyer dans les airs au moindre faux-pas, mais comment suis-je supposée vivre avec ça, comment suis-je supposée avoir *envie* de ça ?!

Je ne pourrai jamais être sereine, je ne pourrai jamais m'autoriser à être moi-même en fait !
Non, je ne peux plus, je ne peux plus…

Mardi 22 octobre 2024

6h52, vocal de Thibaud à Claire

Oui, tu as raison, le vent de panique pour Ibiza était le même qu'aujourd'hui, parce que je n'en pouvais plus de cet enfer dans lequel j'ai trainé durant trop longtemps (et j'ajoute d'ailleurs qu'évidemment je n'ai aucune colère contre toi par rapport à ça : nous étions chacun avec des besoins différents mais totalement incompatibles, et c'est très clair pour moi).

Là il y a accumulation de couches, de peurs, j'ai fermé les écoutilles sur beaucoup de choses, il n'y a plus que ma fille, mon boulot, et je ne veux pas que quoi que ce soit ni qui que ce soit vienne perturber tout ça.
Je suis fatigué, épuisé, *é-pui-*sé…
Je croyais que les batteries étaient encore bien chargées mais à partir du moment où j'ai pensé "stop" pendant ces vacances dans les Pyrénées, où je me suis dit :"Non, je n'en peux plus", j'ai vu qu'en fait les batteries étaient complètement à plat, vides, que j'étais sur la résistance depuis des mois et que je n'avais plus envie. Point.

Mais il y a de l'amour, c'est évident, je le sais, c'est un amour tellement grand et parfois même, pardon les larmes me viennent… parfois j'ai l'impression que je suis un ado qui n'a pas l'âge pour cet amour si grand…

10h32, vocal de Claire à Thibaud

Quelque chose se dégage de tout ce que tu dis : j'ai la sensation qu'au-delà de toutes tes peurs dont je prends vraiment la mesure et que je comprends profondément, celle qui domine c'est la peur de me faire du mal. Est-ce que je me trompe ?
Parce que finalement, me "recadrer" parce que je m'étais un peu emballée et que je n'avais pas pris la mesure de ce que cette séparation signifiait pour toi, si tu n'avais pas eu peur de me blesser tu aurais pu le faire sereinement !
Surtout qu'avec tout ce que l'on se disait depuis un mois, avec l'honnêteté et la tranquillité de nos échanges, je ne dis pas que ça n'aurait pas piqué durant cinq minutes mais je ne suis pas débile, bien sûr que j'aurais compris et nous n'en serions pas là, au bord de se vomir et de se rejeter !

C'est ce truc là qui me dévaste là, ça me dévaste et pardon pour toutes ces larmes, c'est un déluge depuis hier… Il y aura toujours quelque chose, tu auras toujours peur d'un truc ou d'un autre qui te fera détaler comme un lapin, ça ne marchera jamais… Même si paradoxalement je vois ton amour de dingue derrière cette peur immense, je n'en peux plus, je sens bien que je te bascule sur OFF et ça me fait chier parce que je me connais, je sais ce que ça veut dire pour moi, et ça me glace…

12h44, vocal de Thibaud à Claire

Je ne suis pas bien depuis ce matin, je suis terriblement triste, je me suis réveillé avec le bide à l'envers et là je suis chez moi ce midi, je réalise que voilà, c'est fini. C'est brutal, c'est violent, je n'arrête pas de pleurer, je mange chez moi tout seul, j'ai besoin de pleurer, j'ai besoin d'évacuer…
J'ai l'impression d'un poids énorme qui me tombe sur les épaules, mais même avec cette douleur, même si tu bascules sur OFF comme je te sais

capable de le faire, tant pis, je ne te retiens pas, je te laisse partir, je laisse tout ça, je ne veux plus me poser de questions, je suis épuisé, il faut que je m'échappe là, que je voie autre chose, que je m'en aille loin de tout ça, que je parte ailleurs, *ailleurs* ! Je n'en peux plus…

Je sais que ça va passer, que cette douleur va passer et que derrière la sérénité m'attend.
Mais là, plus que tout, j'ai besoin d'être seul, point.

Et tu sais, bizarrement je n'ai pas de doute sur l'avenir.
Mais si tu dois passer en off pour te protéger, j'ai absolument besoin que tu aies la liberté de le faire sans entrave, que tu vives ça le plus sereinement possible…
Même si je vois bien qu'à part ta tristesse tu sembles plutôt sereine avec tout ça, je ne veux surtout pas te faire du mal, surtout pas !... Oui tu as raison, c'est ça qui est là, profondément : je ne veux pas te faire de mal, je ne veux pas… je ne veux pas que tu me *détestes*, voilà, c'est ça qui me fait peur ! Tu peux être en colère si tu veux, mais j'ai tellement peur que tu me détestes un jour…

Là je suis en train de tout évacuer, de tout vomir, pardon pour toutes ces larmes, les tiennes sont presque plus légitimes que les miennes mais bon, c'est comme ça, on se connait assez…

13h02, vocal de Claire à Thibaud

Mais Thibaud, bien pire que de te détester, moi ce qui me terrifie c'est d'en avoir plus rien à foutre !! Il n'y a aucun problème lorsque je déteste quelqu'un, au fond ce n'est pas grave parce que comme tu le disais l'autre jour, tant qu'il y a de la colère il y a encore des sentiments !

Mon problème à moi, c'est que lorsque je bascule sur OFF je n'en ai tout simplement plus rien à faire ! L'autre devient comme une vieille connaissance envers laquelle certes je n'ai aucune animosité, que je peux même croiser avec plaisir mais qui n'a plus aucun intérêt pour moi ! Il peut lui arriver n'importe quoi, même mourir, au mieux je vais trouver ça *dommage* mais au fond ça m'est égal !

C'est ça le pire, et tu le sais, tu m'as vue avec certaines de mes anciennes amitiés lorsque soudain elles ne m'intéressent tout simplement plus ! Je ne suis pas fière de ça mais je ne peux pas faire comme si ça n'existait pas !

Ça ne serait vraiment pas grave si je te détestais un jour, non ! Ce qui serait grave et me glace le sang c'est cet énorme bouton OFF tout noir et si vilain que je vois se matérialiser et qui me terrifie, ce qui serait grave serait que je me *lasse* de toi, et que tu bascules dans cette catégorie des gens dont je me fiche éperdument !

Et le paradoxe là qui me flingue, c'est qu'à force d'avoir tellement voulu éviter de me faire du mal et que je te déteste, au final ça réveille un monstre bien plus dangereux que ça : mon indifférence pure et simple !

*****

18h14, vocal de Claire à Thibaud

J'ai pleuré tout l'après-midi, heureusement que je n'avais pas de séances sinon j'aurais dû les annuler…

Puis au fil des heures quelque chose s'est calmé en moi, les larmes ont cessé de couler, j'ai retrouvé une respiration plus tranquille et ça s'est apaisé à l'intérieur.
J'ai ressenti le besoin de me poser, de prendre de la hauteur, d'observer toute la situation de façon plus factuelle, plus neutre, comme lorsque l'on scrute un objet sous toutes ses coutures dans le but d'en comprendre les rouages et le mécanisme, tu vois ?

J'ai eu envie, presque de "m'immiscer" dans ta tête (!) afin de m'imprégner *en interne* de tes réactions et de la façon dont tout cela t'avait impacté, comme si je percevais que te comprendre *de l'intérieur* allait m'apporter un regard différent sur la situation et me libérer un peu…
Je me suis demandée dans quelle mesure ce que tu vivais actuellement je ne l'avais pas déjà vécu de mon côté, comment moi j'avais réagi face à la même situation, et si mes réactions pouvaient éclairer la manière dont tu ressentais les choses.

Et comme bien souvent ces temps-ci, j'ai eu de nouveau ces curieux "flashs d'évidence", ces lumières qui s'allument à l'étage, cette compréhension beaucoup plus grande, plus profonde et moins "mentale" que celle que j'avais jusque là sur ce que tu traverses en ce moment.
Ces prises de conscience nous font souvent du bien à tous les deux, alors je te les partage…

Fondamentalement je pense que le seul déséquilibre qui existe entre nous depuis toujours, ce n'est pas un déséquilibre d'amour, ce n'est pas un déséquilibre de besoin, ce n'est même pas un déséquilibre de peurs, c'est uniquement ce déséquilibre de *rythme*.

Il y a eu un déséquilibre de rythme dans nos vies ces dernières années, entre ton besoin viscéral de "nous" et mon besoin viscéral de liberté.
Il y a eu un déséquilibre de rythme dans nos perceptions des événements ces dernières semaines, entre mon bonheur insouciant et cette pression qui montait en toi.
Mais nous ne les avons pas vus et nous avons encore moins compris à quel point cela nous impactait mutuellement.

Je viens de réaliser que cette oppression folle que tu ressens à l'idée de perdre ta liberté toute neuve, cette urgence de me fuir et de "t'échapper de là", c'est exactement celle que j'ai vécu avec toi pendant des années, complètement étouffée que j'étais par ton envie de me vouloir à tes côtés, à laquelle je ne pouvais pas répondre, qui me mettait une pression horrible et me privait de cette liberté dont j'avais viscéralement besoin.

Certes cela s'est installé en moi de manière plus progressive que pour toi, mais au fil des années le résultat a été le même que ce que tu vis aujourd'hui : j'étais tellement submergée par cette pression énorme que tu me mettais de vouloir que je vienne chez toi tout le temps (aucun reproche, c'est toujours factuel et je sais que tu le sais, hein !), que moi aussi j'ai fini par te "fuir", je me suis éloignée de toi, j'avais de moins en moins envie de passer du temps avec toi car même être simplement en ta présence m'était devenu insupportable.
Ce n'était pas « contre » toi, c'était « pour » me protéger moi…

Un exemple encore plus flagrant peut-être : c'est également ce que j'ai vécu dans notre sexualité, à cette période où ma libido avait diminué (ménopause ou autre, peu importe la raison d'ailleurs) !

Moi aussi j'ai essayé de te le cacher, par peur de te blesser et que tu te détournes de moi, moi non plus je n'osais pas t'en parler, moi aussi j'étais mal à l'aise lorsque l'on se retrouvait, parce que je savais qu'il y avait un déséquilibre dans notre désir et j'avais peur que tu t'en aperçoives.
"Devoir" te montrer que j'avais toujours envie de toi me mettait une pression folle, me donnait juste envie de partir de là, de déguerpir au plus vite, de me réfugier chez moi...
Je finissais par redouter de me trouver en ta présence et petit à petit je me suis éloignée, je n'avais même plus envie d'*être* avec toi.

Je me souviens de ce jour où on a enfin réussi à en parler un peu, on était dans ton jardin devant chez toi et tu m'as dit avec des larmes dans les yeux que tu avais *"juste"* besoin d'être sûr que je te désirais encore... Au secours ! Qu'est-ce que je pouvais répondre à ça ?! Je n'oublierais jamais la panique qui est montée en moi à ce moment-là : je n'étais tout simplement pas en capacité de répondre à ton besoin et de te rassurer sur LE truc viscéral que tu voulais entendre.

Ce n'est que des mois plus tard que j'ai réussi à cracher le morceau et à t'avouer enfin mon absence de désir. Sur cette base honnête on a pu enfin discuter à peu près sereinement : tu m'as comprise (exactement comme moi je comprends tout ce que tu me dis depuis un mois !), on a trouvé des solutions communes pour pallier tout ça, du coup je me suis détendue, j'étais plus sereine, plus libre, j'ai recommencé à avoir envie de toi de temps en temps...

Mais rapidement j'ai eu la sensation que tu considérais que tout était revenu à la normale, comme si tu "t'emballais" un peu, genre "c'est bon, elle me désire à nouveau, tout va bien !", alors que pour moi le déséquilibre de désir était encore très présent.
Je me disais que tu n'avais rien compris, ça me saoulait, je bouillonnais intérieurement, mon désir s'est de nouveau ratatiné sur lui-même et bien

sûr j'ai tenté de te le cacher parce que j'avais peur de te vexer, que tu en aies marre, que tu te lasses de moi, que tu m'aimes moins...
Tout ça est venu se rajouter à mon absence de liberté déjà présente sur tout le reste, j'ai recommencé à flipper, à te fuir, j'avais toujours une bonne excuse pour ne pas venir dormir chez toi, je me disais : "En plus si j'y vais ce soir je vais devoir encore faire semblant que j'aie envie de lui, au secours !!"
Je suis moins venue, ta frustration a augmenté, ta colère aussi, ma culpabilité... On connaît la suite !
(D'ailleurs tout ce truc-là a complètement disparu il y a bien longtemps, le jour où je me suis :"Et puis merde, tant pis ! Si j'ai pas envie j'ai pas envie, et si ça lui pose un problème je m'en fous !"... Comme par hasard ça m'a définitivement libérée, tout s'est rééquilibré et le désir est réapparu - ou pas, c'est selon ! - tout naturellement. No comment !)

Donc tout ce que tu es en train de vivre là, c'est exactement ce que j'ai vécu, moi, dans ce déséquilibre de "rythme" de nos besoins respectifs : j'ai agi et réagi exactement *comme toi* aujourd'hui, sur tout, et depuis le début.

Et pendant qu'on y est, je viens aussi de comprendre autre chose, un léger détail que j'avais quelque peu oublié ! Cet "état de grâce" que nous avons vécu entre nous durant quelques jours n'a pu s'installer QUE parce qu'à l'origine nous avions décidé de nous séparer - et *nous* étions parfaitement d'accord !
Je t'ai reproché ton éloignement, tes peurs, tes silences, mais c'est moi et moi seule qui ai rompu les termes de notre deal, c'est moi qui ai foutu un coup de canif dans le contrat, hum !

Alors non, bien sûr, pas d'auto-flagellation ! C'était involontaire et je le sais, j'étais juste heureuse, insouciante, on se voyait, on s'embrassait, tout ça débordait d'amour, de liberté, de sérénité, c'était trop cool et moi j'ai juste savouré, j'ai laissé faire, j'avais la sensation que tout était réglé et qu'il n'y avait donc plus aucun obstacle à vivre heureux ensemble comme on le faisait : on était de nouveau un couple !

Mais n'empêche ! Je me suis laissé déborder par ma joie, j'ai complètement *oublié* le contrat de départ et en nous considérant de nouveau ensemble, j'ai donné le coup de canif qui a créé ce déséquilibre et enclenché tout ce qui a suivi.

J'ai occulté cet élément dans ma perception des événements tout en chargeant sur tes épaules l'entière responsabilité de la situation…

Cela fait un bien fou de prendre conscience de ça.

Ça rééquilibre les perspectives, ça permet de remettre les choses à leur place et l'église au milieu du village. Même si ça n'enlève rien à tes peurs à toi et à leurs conséquences bien pourries, je prends conscience de ma propre responsabilité, de manière apaisée, en étant lucide mais juste.

Ça me permet aussi de remettre du calme au milieu de ce chaos émotionnel des derniers jours : non, il n'y a jamais eu de déséquilibre d'amour, bien au contraire sans doute, il n'y avait qu'un déséquilibre de rythme, rien de bien grave en somme, qui me donnerait presque envie d'en rire !

…

Bon et sinon heu… Voilà… J'hésitais à t'en parler mais je me lance, je regretterais sinon de ne pas l'avoir fait, même si je me doute que pour le moment ce n'est pas entendable pour toi et que peut-être tu n'en auras jamais envie (ne t'affole pas tout de suite !)…

Toutes ces prises de conscience et ce calme qui revient m'ouvrent à nouveau à la possibilité, à l'envie qu'on avait évoquée il y a un mois de peut-être un jour, bientôt ou pas, se revoir et passer un peu de temps entre "potes" et *vraiment* entre potes, cette fois-ci (promis, je crois que j'ai bien compris le message, là !).

On a évoqué à plusieurs reprises cette idée de "mettre notre amour dans un écrin" pour le protéger des intempéries en attendant des jours meilleurs mais tu le sais, ces derniers jours je n'y croyais plus, je n'en avais même plus envie, je voyais juste l'ombre de ce gros bouton OFF se profiler à l'horizon, et ça m'a vraiment, vraiment fait flipper.

Pour conserver ce trésor dans son écrin et ne pas risquer de l'abîmer, toi tu as besoin de t'éloigner de moi, que notre rupture soit effective et bien réelle, moi j'ai besoin de garder, ou plutôt de *retrouver* de l'espoir, j'ai besoin de savoir que la petite flamme brille toujours, même si elle est loin et inaccessible dans sa jolie boîte au fond du placard.

Oui, il y a eu un déséquilibre de rythme qui vient d'exploser sur un terrain déjà miné et très fragilisé par beaucoup de choses, mais il n'y a définitivement pas eu de déséquilibre d'amour, je le comprends là plus que jamais, je dirais même que je le comprends enfin, seulement, et j'ai juste besoin d'apercevoir sa lumière dans le lointain de temps en temps, comme un phare dans la nuit (pardon pour cette métaphore un tantinet neuneu, c'est la seule qui me vient et elle est trop précise dans ma tête pour que je ne la partage pas !).

Je sais que là tu es bien échaudé et que tu ne prendrais pas le risque de provoquer à nouveau ce qui vient de se passer entre nous, mais lorsque tu te sentiras plus léger et plus serein, si un jour tu as envie que l'on se voie ou que l'on se parle même cinq minutes, j'aimerais que tu te sentes complètement libre de le faire (avec cette fois-ci la certitude que j'ai bien intégré les termes du contrat et que la séparation est définitivement actée pour moi !).

Si dans 3 jours, dans 3 semaines ou dans 3 mois tu penses à moi, si je te manque, si tu as envie de me parler, de passer me voir, de me serrer dans tes bras ou d'aller boire un verre, j'aimerais vraiment que tu ne nous prives pas de ça en te disant :"Non merci, c'est bon ! Elle n'a rien compris la première fois, elle va encore me faire chier et me mettre la pression !"

Je prends conscience que ma demande est sans doute un peu gonflée, mais ça ne fait rien. J'ai cette profonde conviction que passer du temps ensemble dans cette version "potes" et apaisée nous permettra de nous "réapprivoiser" en douceur afin peut-être un jour, lorsque ce sera possible, d'avoir envie de ressortir notre amour de son écrin…
Je n'ai pas envie qu'on laisse s'éteindre ce bel amour *juste* à cause de ce déséquilibre de rythme qui, vu d'un peu plus haut, ne me semble plus du tout si dramatique ni rédhibitoire…

J'espère que tu retrouveras la liberté de revenir vers moi simplement et sans craintes lorsque tu auras respiré, lorsque tu te sentiras mieux, lorsque tu en auras un peu envie.

Et j'ajoute même - ok, bon, là je vais carrément aller trop loin et je le sais, j'imagine déjà tes palpitations cardiaques au max et tes angoisses qui remontent en flèche (!) mais tant pis, j'ose !... J'ajoute donc que si ce soir une toute petite partie de toi avait envie de passer me serrer contre toi même deux minutes, moi j'en ai terriblement besoin, j'ai terriblement envie de te prendre dans mes bras et de me blottir dans les tiens.

Voilà c'est dit, et bien sûr je n'y compte pas, bien sûr je n'attends rien, ni ce soir ni plus tard, évidemment il n'y aucune pression et je sais que tu le sais, mais je pose les mots juste comme ils me viennent, et c'est tout.

18h59, vocal de Thibaud à Claire

Merci, merci mille fois… et voilà, les larmes, c'est reparti !…
Merci pour ton message, il vaut de l'or, il est juste… il est juste tout ce que j'aime dans ta sérénité, dans ta gentillesse (pardon le mot est niais mais c'est celui qui me vient), dans ton apaisement lorsque tu n'es pas en colère…
Je sais que tu n'as pas vraiment été dans la colère mais par moments il y en avait quand même un petit peu et c'est normal… Bref, encore une fois merci pour ce message, les autres m'ont fait peur, ils m'ont effrayé (encore ! Faut vraiment que j'arrête avec ça…), mais là quel soulagement…

Oui, je sais comment tu fonctionnes mais imaginer une bascule aussi violente, imaginer ce bouton OFF enclenché et que tu n'en aies plus rien à branler de moi, égoïstement ce n'est juste pas envisageable pour moi (je sais que si ça doit arriver ça arrivera, pas de discussion, mais ce serait d'une telle violence !).

Donc évidemment je préfère ce genre de message et je ne le prends pas dans la panique, je le prends… avec beaucoup de désir, avec beaucoup d'affection, avec beaucoup d'amour - t'emballe pas, hein ! -, c'est un mélange de plein de choses…

J'ai le sentiment que c'est la première fois que je te crois *vraiment*…
Pardon, je m'explique ! Oui je t'ai cru, sincèrement, j'ai cru en ce que tu me disais, je voyais bien que tu comprenais qu'on ne pouvait plus être ensemble et que tu étais assez "tranquille" avec ça. J'étais vraiment serein par rapport à tes paroles, mais je sentais qu'il restait un petit quelque chose qui traînait encore derrière…

Là je trouve ça beau, voilà… Ca ne change rien, ce n'est pas la question mais ça me fait du bien, et je voulais vraiment te remercier parce que tout ça me bouscule tellement, ça allait tellement vite, c'était tellement fort, tellement violent, que toutes ces choses, ces peurs et ces machins qui disparaissent d'un coup lorsque j'écoute ce message, c'est tellement bon, ça fait du bien, c'est libérateur...

Ah oui, et je reviens rapidement également sur ton parallèle avec la sexualité, que je comprends complètement par ailleurs mais sur lequel je voulais préciser quelque chose.
Je n'ai pas eu le sentiment de "m'emballer", et par exemple sur ta problématique spécifique qui était la pénétration, comme tu le sais aujourd'hui ce n'est même plus ce que je préfère...
Je repense à cette dernière fois où on a fait l'amour (on n'était même plus "ensemble" d'ailleurs...), ce n'est pas dans la pénétration que j'ai pris le plus de plaisir, mais dans tout le reste : ce désir qui montait pendant qu'on discutait sur ton canapé, toute cette énergie, cette tension, ce truc de dingue tout autour quoi !

Donc non je ne me suis jamais emballé, j'ai senti que tu étais totalement libérée et c'était cool, mais par contre, oui le parallèle est bon parce qu'en effet nous avons vécu la même chose et tant que je ne serai pas totalement libéré et serein, ce sera compliqué.
Là je suis épuisé, mais je sais que c'est possible, je sais que c'est accessible et que ce n'est pas compliqué.
Voilà.
Encore merci mille fois pour ce message, vraiment c'est profondément sincère, il était important pour moi, comme chacun de tes messages d'ailleurs, mais celui-là tout particulièrement.

Et tu sais, même au plus fort de mon épuisement, même si là j'ai terriblement besoin de calme, il n'y a pas un seul de tes messages pour lequel j'ai ressenti le moindre rejet.

Je le dis tout à fait sereinement, sans imaginer que tu vas partir dans les tours (!) : il n'y a pas un moment où j'ai eu du rejet pour tes messages, et si je n'ai pas de rejet pour eux, je n'ai pas de rejet pour toi.

Voilà, merci, je t'embrasse.

Mercredi 23 octobre 2024

10h15, vocal de Claire à Thibaud

Merci d'être passé hier soir, merci pour ce joli moment contre toi qui m'a fait beaucoup de bien.

J'avais arrêté depuis plusieurs jours de mettre par écrit nos messages vocaux, c'était trop douloureux pour moi, mais ce matin j'ai eu besoin de m'y replonger parce que relire le contenu de nos échanges me permet vraiment de mieux les intégrer, de mieux les ancrer en moi.

Donc là tout de suite j'étais tranquillement en train de laisser dérouler les audios de tout ce que l'on s'est dit depuis samedi afin que Google Docs fasse son job et les transcrive en saisie vocale, lorsque soudain, aïe ! Nouvelle petite claque derrière la tête, qui cogne un peu certes, mais bien utile puisqu'elle finit de me remettre au bon endroit, à ma juste place...

Ces derniers jours j'ai laissé entendre à plusieurs reprises qu'en gros si on en était là, c'était essentiellement à cause de tes peurs, qu'elles nous avaient foutus dedans, que tu avais ajouté de la panique à la panique, que tu étais parti en sucette alors que tout aurait pu se vivre beaucoup plus sereinement, etc ...
Mais lorsque tu écoutes et que tu relis factuellement le déroulé des événements comme je viens de le faire, ce qui saute aux yeux direct et qui est hallucinant, c'est que nous sommes *tous les deux* partis en sucette !

Alors oui tu as eu peur de me blesser, oui tu as eu peur du déséquilibre, et oui ça a aussi contribué aux fortes turbulences de ces derniers jours, c'est indéniable.

Mais d'une part tu n'as rien fait de plus que ce que moi j'ai fait aussi toutes ces années, et d'autre part, tu es toujours resté calme et posé, tu ne m'as fait aucun reproche, tu as été essayé d'être objectif et de m'expliquer les choses clairement afin que ce soit juste pour moi et que je souffre le moins possible de la situation que tu "m'imposais".

Même hier, alors que tu n'en pouvais plus et que tu implosais littéralement, tu n'as pas eu un mot désagréable envers moi.

Je t'en ai voulu d'être en panique alors que moi aussi je suis complètement partie en live cette semaine, aucun doute là-dessus ! (Bon fais gaffe, hein, c'est juste un état des lieux objectif, donc n'en profite pas pour prendre des notes-pour-plus-tard à utiliser un jour contre moi, ni à essayer de surfer sur une éventuelle culpabilité !)

Pourtant je les ai bien eues toutes ces compréhensions "intellectuelles" : lorsque j'ai pris conscience que tu n'avais plus de doute sur ta capacité à aimer, lorsque j'ai compris à quel point tu avais souffert de notre situation passée, lorsque j'ai pris la mesure de ton besoin de liberté totalement incompatible avec cet entre-deux qui s'installait, lorsque j'ai entendu ton amour, bien sûr que j'ai eu ces compréhensions réelles et qu'elles m'ont soulagée sur l'instant.

Mais c'est comme si elles étaient restées à la surface, au niveau "mental", comme si elles n'étaient pas vraiment tombées "dans le corps"... Je sais, c'est un peu bizarre à décrire, mais je ne vois pas trop comment l'exprimer différemment !

C'est vraiment flagrant lorsque tu écoutes nos échanges en continu comme un podcast, tel que je le fais là : moi aussi je bascule, je suis complètement effrayée, je refuse cette séparation pourtant décidée à deux.... Je pars un peu dans tous les sens, je commence à tout remettre en question, j'occulte totalement le deal de départ, au fond je ne comprends pas bien ton rejet de "nous" même si on sent que j'ai à peu près capté "intellectuellement"…

Mon agitation est palpable, elle transpire de partout, il y a des passages entiers de tes propos que mon cerveau a tout simplement zappés, alors que quelques petites lignes ont pris une ampleur de dingue, je ne garde de ce que tu me dis que ce qui m'intéresse…
Dimanche matin par exemple, tu me parles longuement de ce soulagement d'avoir enfin la certitude de savoir aimer, de l'amour que tu me portes, de ta sérénité par rapport à notre avenir… Tout ça je l'ai vaguement entendu sur le moment, mais mon cerveau n'a retenu qu'une chose de tout ton message : il ne veut plus de moi, il a peur de ce déséquilibre donc il ne m'aime plus, point barre.

Bref… Donc en résumé, je vois bien que moi aussi je traverse des moments où la peur est tellement présente que je n'arrive plus à entendre ce que tu me dis, je filtre les infos et ne garde que celles qui viennent conforter et alimenter ma peur, moi aussi je me tais, je te fuis, je suis lâche, je panique… exactement de la même manière que toi !
(Hum ! Evidemment c'est toujours beaucoup plus facile de voir le petit brin de paille dans l'œil de l'autre que l'énorme poutre au milieu de son propre jardin…!)

Autre chose, j'ai trouvé ça assez troublant et chouette lorsque tu as dit hier soir que "c'était la première fois que tu me croyais *vraiment*" : je me dis que nous avons désormais une telle conscience, une telle connaissance instinctive de l'autre… C'est joli, c'est comme si d'un coup tout ce bordel ne me semblait plus aussi grave, il n'y a plus rien d'inquiétant pour la suite, quoi…

Alors oui on s'est pris les pieds dans le tapis, mais rien de bien dramatique finalement, juste les turbulences de la vie à deux, la vie à laquelle on aspire depuis si longtemps, la vraie vie quoi ! Pas le monde de Oui-Oui dans lequel l'amour devrait ressembler à on-ne-sait-pas-quoi qu'on avait totalement fantasmé et qui nous a foutus dedans !

C'est enfin l'amour dans la vraie vie, celle où parfois on se prend les pieds dans le tapis, celle où parfois on se casse la figure, celle où parfois on patauge dans la gadoue, mais celle où, quoi qu'il arrive on est sereins ensemble.

C'est la vraie vie, celle qui nous attend plus loin, celle qu'on aura réussi à construire avec notre amour, "malgré" ou peut-être aussi *"grâce"* au chaos et aux tempêtes.

Les larmes me montent aux yeux...

19h45, message de Thibaud à Claire

Ah très bien : j'ai enfin des aveux signés et la preuve que je suis posé et parfait alors que toi non !... Bon, plus sérieusement, je suis vraiment heureux d'être passé hier soir te serrer dans mes bras. Ton message d'hier m'a fait énormément de bien, celui de ce matin également. Bonne soirée.

Mardi 29 octobre 2024

Thibaud LEMAISTRE
27 rue des Pistolettes
44990 LE PORTY

Claire DELORME
4 imp de la Rive
44990 LE PORTY

Le Porty, 29 octobre 2024,

Madame Delorme,

Suite à la consultation et validation de mon avocat, il a été décidé de vous proposer, dans le respect du contrat qui nous lie, un séminaire à La Rochelle les 2 et 3 novembre prochains. Le départ se fera le samedi 2/11 à 8h, pour un retour prévu le dimanche 3/11 à 20h au plus tard.

Le thème exclusif de ce séminaire sera « la sérénité » et consistera, à travers divers échanges, visites, balades et repas, à réaliser une expérience concrète sur ce principal sujet.

L'ensemble des frais de déplacement et d'hébergement sera pris en charge par moi. Il vous sera seulement demandé une participation aux frais de repas.

Ce séminaire n'a en aucun cas un caractère obligatoire et quelle qu'en soit l'issue, ne remettra pas en cause le contrat existant.

Vous pouvez me faire parvenir votre réponse dès réception de ce courrier et jusqu'à 15 minutes avant le départ. J'ajoute par ailleurs qu'en cas de désistement, même de dernière minute, il ne vous en sera pas tenu rigueur, ni moralement ni financièrement.

J'espère une participation de votre part et reste pleinement à votre disposition pour toute question supplémentaire.

Bien cordialement,

Thibaud LEMAISTRE

Email de : Claire Delorme
À : Thibaud Lemaistre
Le 29/10/24 à 19 :18

Bonjour Mr Lemaistre,

Je vous remercie de votre proposition de séminaire sur le thème de la « sérénité », qui se déroulera à La Rochelle les 2 et 3 novembre prochains dans le strict respect du cadre du contrat qui nous lie, et je vous informe que je l'accepte volontiers.

Je vous serais reconnaissante de bien vouloir organiser le départ à mon domicile le samedi 2/11 à 8h.

J'ai bien noté également qu'en cas de désistement impromptu de ma part (et ce jusqu'à 7h45 samedi matin) il ne me serait décompté aucun frais ni tenu rigueur de quelque manière que ce soit, et je vous en remercie.

Cordialement,

Claire DELORME

Dimanche 3 novembre 2024

Email de : Thibaud Lemaistre
À : Claire Delorme
Le 3/11/24 à 20:14

Bonsoir Mme Delorme,

Je souhaitais vous remercier de votre présence ainsi que de votre implication dans notre séminaire.
Ces deux jours furent extrêmement constructifs et, de mon point de vue, ont totalement remplis l'objectif souhaité.

Je me permets également de rajouter un sentiment plus personnel pour lequel je l'espère, vous ne me tiendrez pas rigueur : j'ai ressenti en votre présence un immense plaisir et une profonde plénitude.

Espérant pouvoir renouveler prochainement cette expérience,
Bien à vous,
Thibaud

Email de : Claire Delorme
À : Thibaud Lemaistre
Le 3/11/24 à 21h01

J'ai l'impression d'avoir passé un test d'évaluation professionnelle validé par mon N+1 !!
Mais oui, week-end très sympa !
Bonne soirée !

22h12, vocal de Thibaud à Claire

Alors c'est marrant parce que pour être honnête, même si ta blague sur ce N+1 qui t'aurait fait passer un test de compétences m'a bien fait rire, au fond je n'ai pas compris que tu aies pu imaginer une seule seconde que ce "séminaire" aurait eu pour but de te « tester » toi...
Pourquoi je te dis ça ?
Parce qu'en réalité, si « test » il y avait eu (quelle horreur !), c'était uniquement pour *me* faire passer un examen *à moi-même* sur ma propre sérénité !
J'avais besoin de vérifier que j'étais ok avec moi-même, peut-être aussi suite à ces messages que tu m'avais envoyés où tu me disais qu'à l'avenir, s'il n'y avait pas de sérénité, tu lâcherais l'affaire et que tu préférerais vivre seule plutôt qu'avec quelqu'un qui remet en question son amour tous les quatre matins (ces messages ont appuyé là où ça fait mal, mais ils étaient légitimes et indispensables, évidemment).

Je ne voulais rien me "prouver", ce n'est pas exactement ça, mais je me sentais justement tellement serein que je voulais vivre dans la vraie vie une parenthèse avec toi après ces mois compliqués.

Lundi 4 novembre 2024

5h38, vocal de Claire à Thibaud

Les petites réflexions de l'aurore, comme d'habitude !

D'abord je me suis fait la remarque que le week-end dernier a été la première fois depuis onze ans où je me suis sentie vraiment totalement moi-même avec toi, et plus spécifiquement dans l'expression de mon « humour»...

Je t'ai souvent raconté que j'avais l'impression d'avoir comme "le pied sur le frein" dans mes interactions quotidiennes avec les gens, et qu'à part avec mes fils et deux ou trois autres personnes j'étais rarement totalement spontanée, comme si je voyais bien que mon cerveau ne fonctionnait pas exactement comme celui des autres et que mon humour en particulier était toujours trop "décalé" ou ne faisait rire que moi...
Même avec toi je n'osais jamais aller franchement dans l'autodérision, l'humour un peu trash, le second ou troisième degré : soit tu te braquais, soit ça ne te faisait pas rire, soit tu ne comprenais pas, bref... Je me suis souvent dit qu'entre nous ce n'était pas très « drôle » et d'ailleurs pour être honnête, parfois ça me manquait un peu...

Et bien ce week-end je crois que c'est ça qui m'a le plus marqué : quelle rigolade ! Tu m'as fait marrer, je t'ai fait rire, il y avait du répondant de part et d'autre, c'était fun et je n'avais absolument aucun frein !

Cela peut sembler dérisoire ou secondaire, mais pour moi c'est à la fois nouveau, improbable, très révélateur et fondamental : là je sais qu'on a vraiment passé un step et quel énorme kif !
C'était à nouveau joyeux comme ça ne l'avait plus été entre nous depuis bien longtemps…

Malgré ça il y a deux petits "mais", deux petits pignons de pin coincés dans la gorge, deux petits voyants d'alerte qui se sont allumés dans mon cerveau hier soir, alors je t'en parle (car plus question de garder pour soi les trucs qui coincent !).

Le premier, c'est de faire attention à ce que la sérénité ne devienne pas une nouvelle injonction à elle toute seule, un peu comme les "il faut lâcher prise !" "il faut vivre l'instant présent !" "il faut profiter !", parce que dès qu'on est dans le "il faut", ben on n'y est plus !
À vouloir que tout soit toujours serein entre nous, il ne faudrait pas que le moindre petit grain de sable devienne un drame, parce qu'alors on va le guetter, le redouter et… on ne sera jamais sereins !
(Bon, en vrai je pense que la réponse à cette inquiétude est évidente, elle me vient en même temps que je l'évoque : la manque de sérénité venait de nos peurs, donc relax, mais je voulais tout de même le rappeler…)

Le second "mais", le voici.
J'ai profondément apprécié que l'on "respecte le contrat" ce week-end, que l'on soit en version "potes" sans aucun rapprochement physique ou tactile, sans un effleurement, sans le moindre regard un peu tendre ou quoi que ce soit, c'était vraiment bien et j'en avais besoin autant que toi.
Même si cela peut sembler étrange, c'était vraiment essentiel de passer par ce stade, parce qu'on a jamais été aussi naturels et légers ensemble, aussi pleinement nous-mêmes, on n'a jamais autant ri et c'était tellement cool, c'est un cadeau inestimable que l'on s'est offert et une étape essentielle

pour notre futur ensemble. C'est une zone de no man's land absolument indispensable après tout ce que l'on vient de vivre…

Je crois que ma plus grande joie ce week-end a été de te voir aussi bien, aussi épanoui, aussi libéré et apaisé, cela m'a bouleversée d'amour… De toutes mes sens et de toutes mes forces j'ai savouré ce bonheur de te voir comme ça : je t'ai dévoré des yeux, j'ai respiré ta présence (même cette nuit où j'ai si peu dormi parce que je ne voulais pas rater une miette de toi…).

Mais je me suis demandée si toi tu n'étais pas en train de basculer dans… argh le mot m'arrache la gorge, dans de *l'amitié*… Si tu ne préférais pas finalement me garder comme "amie", si tu ne trouvais pas ça plus chouette et plus simple comme ça… Si tu en es là, c'est ok, je comprends, mais j'aimerais que tu me le dises sereinement et sans faux-semblant parce que pour moi nous ne serons jamais « amis », ça n'est juste pas possible.
Savoir que tu existes sur cette planète en étant heureux, même si cela doit être sans moi dans ta vie et malgré la tristesse qui me liquéfie à cette simple idée, cela m'illumine de l'intérieur et je sais que je pourrai vivre avec ça dans mon cœur.
Mais de l'amitié entre nous, ça non.

6h46, vocal de Thibaud à Claire

Je ne bascule pas, mais alors pas du tout, si tu savais à quel point je ne bascule pas ! Ce mot-là que tu as prononcé, *"amitié"*, me choque parce qu'évidemment il n'y a pas d'amitié entre nous, il n'y en aura jamais, ça n'existe pas, ça n'est juste pas possible.

J'ai vécu ces deux jours dans un amour absolument démentiel, je n'ai pas ressenti de distance entre nous, tu étais juste tellement belle, tellement bien, c'était un week-end d'amour dingue.

Je n'ai pas *osé* te dévorer du regard, d'abord parce que je ne savais pas ce que toi tu en pensais ni où tu en étais et que je ne voulais pas qu'il y ait de gêne (c'est idiot oui, sûrement...), ensuite parce que c'était très important pour moi de garder cette distance physique (je suis ravi qu'on n'ait pas mis de coups de canif dans le contrat, même si j'ai cru que j'allais mourir hier soir devant chez toi lorsque, pour déconner, tu m'as fait un simple geste de la main en me disant : "Au revoir Monsieur, et merci pour ce séminaire !", alors que je n'avais qu'une envie c'était de te serrer dans mes bras !).

J'ai eu envie de toi tout le week-end (bon ça c'est mon côté animal on le connaît !), j'ai profité des embouteillages hier dans la voiture pendant que tu dormais pour te regarder, je t'ai dévoré du regard hier à la terrasse du café lorsque tu t'es levée pour voir le mec qui faisait le show sur la place ; je t'ai regardée partir, c'était totalement dingue pour moi.

Ce besoin naturel de se retrouver et de se poser tous les deux, c'était incroyable, hyper cool, une évidence... Toutes nos discussions et tout le reste, c'était extraordinaire, j'ai ressenti tellement d'amour en moi, c'était énorme, énorme. Une telle plénitude...
Lorsque je suis arrivé à la maison hier soir j'ai fait un feu et je suis resté assis dans mon canapé pendant une bonne demi-heure sans télé ni rien, j'avais besoin de silence, j'étais juste posé là, les bras ballants, un peu bouche bée, un peu scotché...

Je sais enfin qu'entre nous c'est de l'amour véritable et que la sérénité coulera de source, quels que soient les moments que nous allons vivre, quelle que soit notre humeur, notre état d'esprit ou quoi que ce soit, peu importe maintenant, je sais qu'on ne se posera plus de questions à la con, et que même si on s'en pose, plus rien n'est grave, on s'en fout... Il n'y a plus de discussion, plus de drames, il n'y a plus "d'injonctions" non plus, il y a juste nous et notre amour dans son écrin, qu'on s'autorise à sortir de temps

en temps comme ce week-end en attendant de pouvoir le vivre au quotidien.
Il y a juste cet amour dingue, c'est bio, c'est nous...

Deux mois plus tard

Lundi 23 décembre 2024

13h09, vocal de Claire à Thibaud

Pardon d'avance pour ce message qui arrive alors que tout est tellement serein et joli entre nous depuis La Rochelle. Je sens qu'il ne va pas te plaire mais tant pis : j'ai depuis quelques jours un sentiment désagréable dont j'ai besoin de te parler.

Nous avons enfin trouvé notre équilibre ces deux derniers mois et j'aime infiniment ce que nous sommes parvenus à mettre en place : sortir notre amour de son écrin de temps en temps pour en profiter librement lors de moments simples et magiques tout en sachant le ranger à nouveau ensuite, être à la fois *ensemble* puisque « nous » est une telle évidence et *pas ensemble* puisque la situation n'a pas changé, bref... Je m'émerveille et me réjouis chaque jour de cette chance que nous avons d'être enfin arrivés là, car cela semblait impossible il y a si peu de temps !

Mais j'ai la sensation d'une « pression » qui revient de ta part pour que l'on se voie plus, comme si parfois cette "urgence" d'être ensemble te ramenait de la frustration, celle que l'on connaît bien et dont on sait les conséquences...
C'est comme si je me sentais à nouveau « obligée » envers toi et pas complètement libre d'être moi-même. Je ne sais pas si c'est moi qui bugge ou si cela vient de toi, mais quoi qu'il en soit je ne suis pas encore prête à gérer ça, je ne suis pas encore assez solide sur mes pattes pour y être indifférente et savoir rester pleinement sereine sans en tenir compte.

Je n'ai pas encore assez savouré cette nouvelle respiration à laquelle je goûte depuis 3 mois, or j'en ai besoin de cette putain de respiration et tu en as besoin autant que moi, on se l'est offerte, on l'a voulue et décidée ensemble dans le contexte actuel ! C'est un comble que ce soit moi qui soit obligée de le rappeler et ça me fait chier de devoir revenir là-dessus !

Voilà, c'est dit.

14h29, vocal de Thibaud à Claire

Je vais être franc, en effet ce message me gave (même si j'ai percuté à la fin que tu parlais surtout de toi) !
Je ne le comprends pas, je me demande ce que j'ai dit de mal ou fait de travers alors que pour moi aujourd'hui tout est hyper fluide, serein et cool, et que plus rien ne gratte. Je n'ai certainement pas envie de recommencer à "marcher sur des œufs" ni à devoir faire attention à mes paroles ou mes actes, hors de question ! Nous avons souffert de ça trop longtemps pour que je replonge là-dedans !

Je pensais que les choses étaient claires pour toi parce qu'elles le sont pour moi : le contexte est clair, les règles du "jeu" sont claires, mais on s'aime et on est « ensemble » donc je te dis lorsque tu me manques, lorsque j'ai très envie de te voir, ou que je t'aime, et basta !

Donc oui je suis légèrement agacé mais contrairement à ce qui se passait auparavant, là je suis malgré tout très tranquille et même heureux que tu aies osé t'exprimer et me dire ce que tu ressentais : d'abord parce que c'est important que je le sache pour te comprendre, et ensuite parce c'est un peu comme si tu osais enfin te montrer "vulnérable" envers moi.

14h55, vocal de Claire à Thibaud

Merci pour ton agacement, il me rassure parce que je vois bien que tu ne comprends même pas de quoi je parle, que je me suis mis la pression toute

seule même si je ne sais pas trop pourquoi, que c'est entre moi et moi et que tu n'y es vraiment pour rien...
J'ai été chiante, j'allais ajouter "désolée" mais non, pas "désolée", puisqu'il fallait que ça sorte...

18h27, vocal de Thibaud à Claire

Ma chérie, tu as le *droit* d'être chiante, tu as le *droit* d'avoir peur, tu as le *droit* d'être en colère, ce n'est pas grave !
Ce qui est important c'est que nous soyons à l'écoute l'un de l'autre, même lorsqu'on se braque un peu comme moi tout à l'heure... Je me suis entendu penser que tu m'emmerdais, et puis j'ai été soulagé et content ensuite de constater que, naturellement j'ai eu malgré tout besoin de savoir, de comprendre, de t'écouter.
Et du coup, bah oui tu es chiante, oui il faut toujours que tu creuses des machins et oui tu es une emmerdeuse, mais c'est ok, surtout que tu l'es de moins en moins, et que moi je le suis aussi parfois... C'est la vie, on s'en fout !

Jeudi 26 décembre 2024

22h, vocal de Claire à Thibaud

Je rumine depuis trois jours, c'est débile je n'ose pas te parler par peur de te gonfler, de briser ta sérénité et de finir sur le siège éjectable, mais c'est ridicule, ça prend de l'ampleur et c'est nul, alors je me lance.

Voilà heu… Lorsque je t'écoute « entre les lignes », j'ai cette impression dérangeante que tu *tolères* mes "écarts de conduite" comme si toi tu étais parfait, que tu les acceptes dans ta « grande mansuétude » mais sans jamais réaliser que tout ce que tu me reproches tu le fais aussi, et je trouve ça injuste.

Tu me trouves "chiante" et "casse-couilles" ? Tu me "pardonnes "et me "donnes l'autorisation" de l'être parce que "je suis comme ça" ? Tu me "félicites" parce que je suis "de moins en moins en colère" ?
Mais et toi ?
Qui a eu cette peur panique de perdre sa liberté toute neuve y'à 2 mois, alors que moi j'étais totalement sereine et insouciante ?
Qui s'est irrité la semaine dernière lorsque je lui ai posé une simple question d'organisation financière au sujet du billet d'avion pour Hambourg ?
Qui était frustré et en colère toutes ces années mais la mettait sous le tapis pour se faire croire que tout allait bien ?

Alors oui on s'écoute et on se comprend, d'accord, mais quand est-ce que toi tu te regardes dans un miroir ? Lorsque c'est moi qui suis inquiète, tendue ou agacée, c'est pénible mais lorsque c'est toi, c'est normal et sympathique ! Je ne trouve pas ça juste, ça maintient une sorte de fait établi

que l'emmerdeuse c'est moi, que celle qui brise la sérénité et qui t'empêche d'être heureux c'est moi, bref que la "vilaine" c'est toujours moi.
(Et oui, c'est vrai, je t'entends d'ici me dire que je dramatise parce que tout ça me renvoie à ces innombrables étiquettes familiales collées sur ma tête depuis des lustres mais peu importe, toi aussi tu me les balances sans reconnaitre que ce que tu me reproches tu le fais aussi, et c'est pas cool.)

23h59, vocal de Thibaud à Claire

Je t'avoue que je ne pige rien et que je tombe un peu des nues. Mais de quoi on parle, là ? C'est quoi le problème ?
J'ai l'impression de revenir en arrière, je m'étonne qu'on en soit encore là, je pensais que beaucoup de choses étaient derrière nous et je m'aperçois que non… Je ne comprends pas le ton, je ne comprends pas les reproches, il me semblait que dans mon attitude et mes paroles le message était clair, que je t'aime, que j'aime tout ce que tu es, vivante, belle, intelligente ET chiante, oui et donc ?

Je ne sais pas quoi te dire là, parce que moi aussi je te trouve vraiment injuste, ça me met un peu en colère et en même temps j'ai vraiment besoin de comprendre parce que ce retour en arrière m'inquiète…

Vendredi 27 décembre 2024

7h47, vocal de Claire à Thibaud

Je vais essayer d'être plus "juste" et plus posée aussi.

D'abord, sincèrement je suis ravie que nous ayons vécu ce "couac" lundi, parce que cette sensation d'être à nouveau sous pression je ne l'avais pas ressentie depuis un moment, et finalement c'était important que je constate en "l'expérimentant" dans la vraie vie qu'elle ne venait pas de toi mais que je m'étais visiblement polluée toute seule.
J'ai eu vraiment l'impression que je te manquais à nouveau « trop » et que ta frustration revenait, mais j'ai vraisemblablement flippé pour rien, un vieux réflexe, sans doute.

Pour le reste, tu as l'impression d'un "retour en arrière" qui t'inquiète ? Tu es surpris que je n'aie pas tout bien "intégré", tu "tombes des nues" que "j'en sois encore là" ?
Bah... Bienvenue dans ma vie, en fait ! Combien de fois ai-je vécu ça avec toi, Thibaud ? Combien de fois ai-je découvert 6 mois, 1 an ou 2 ans après de grandes discussions sur des sujets sensibles que pour toi rien n'était réglé, qu'on en "était encore là", que la merde était toujours sous le tapis alors que pour moi le dossier était classé depuis longtemps ?
C'est bien là qu'elle se situait, mon épée de Damoclès, oui ou non ?

Donc là tu es en colère, déçu, exaspéré par mes réactions parce qu'il y a des choses que j'ai plus de mal à intégrer et qui ne sont pas totalement ancrées ? Je fais du Thibaud dans le texte, ni plus ni moins : je ne suis pas plus casse-couille que toi, ni plus chiante, ni plus en colère, ni plus impactée par mes peurs, ni moins rapide à la comprenette… Je suis comme toi, tu es comme moi, et tout ce qui t'exaspère chez moi, tu-le-fais-aussi !

8h13, vocal de Thibaud à Claire

Ok, je comprends mieux, plusieurs remarques me viennent en réponse à tout ça.

Ces étiquettes dont tu parles, bien sûr que j'en ai aussi : je suis parfois pénible, gros con, en colère, j'ai peur, je ne comprends pas les choses et j'ai besoin que tu me les expliques 50 fois pendant 3 plombes avant que ça rentre… Oui j'ai de nombreuses étiquettes, mais la seule différence avec toi c'est que je suis complètement ok avec elles !
Je suis beaucoup plus serein que toi par rapport à ça, et même si parfois ça pique un peu lorsque tu les soulignes, pour moi il n'y absolument rien de grave là-dedans, ça ne fait pas de moi une vilaine personne, je suis totalement zen là-dessus.
Donc en effet je ne mets pas la lumière dessus, je ne les remarque même pas la plupart du temps, et je fais encore moins le parallèle lorsque toi tu me gonfles, c'est certain !

Toi aussi d'ailleurs depuis quelques temps tu es bien mieux avec toi-même et avec toutes les facettes de ta personnalité, c'est aussi pour cette raison que je suis étonné de constater qu'il y a encore des parties de toi que tu n'aimes pas et qui génèrent ce genre de reproches, de colère, de panique…

En y réfléchissant deux secondes, je ne peux pas vraiment t'en vouloir puisque que par le passé j'ai souvent "surfé" sur ces étiquettes-là, sur ta culpabilité. C'était pratique de te faire des reproches, de mettre sur tes épaules la responsabilité de nos engueulades ou de nos désaccords, c'était tellement plus facile pour moi d'utiliser ce que tu m'offrais sur un plateau plutôt que de me remettre en question…
Involontairement j'ai agi comme ta famille, j'ai alimenté le moulin, je ne peux pas nier ma responsabilité, c'est sûr…

Mais aujourd'hui tout ça est tellement derrière moi, ma chérie, vraiment ! Nous avons chacun de nombreuses étiquettes mais je les aime toutes, les tiennes, les miennes, celles de mes enfants ! Elles n'ont rien de négatif, elles ne sont pas "polluantes", elles font partie de nous, même si parfois elles me gonflent, oui c'est vrai !

Une dernière chose enfin : je découvre aujourd'hui qu'il t'arrive à toi aussi de mettre du temps à comprendre les choses ou à ancrer les infos, c'est une grande surprise pour moi.
Depuis 11 ans c'est toujours moi qui rame et qui met des lustres à intégrer ce qu'on se dit, alors que pour toi c'est toujours rapide, instantané, fulgurant. Une fois que tu as compris un truc, paf, collapse dans le cerveau, le sujet est immédiatement traité, nettoyé, rangé.
Tu as cette capacité bluffante à passer à autre chose en un claquement de doigt lorsqu'un dossier est classé donc là, quel étonnement pour moi de voir que toi aussi tu peux « faire du Thibaud », fonctionner à 2 à l'heure, avoir besoin d'expérimenter encore et encore avant d'intégrer une donnée…
Bon ok, c'est nouveau, je m'en souviendrai et j'en tiendrai compte désormais.

9h08, vocal de Claire à Thibaud

Je comprends les raisons pour lesquelles tu ne reconnais pas plus que ça tes propres « défauts » puisqu'à tes yeux ils n'en sont pas, d'accord, mais alors explique-moi pourquoi lorsque moi j'exprime ces traits de caractère ça te saoule, alors que lorsque c'est toi tu t'en fous ?

Lorsque *tu* as peur et que *tu* fuies c'est normal, lorsque *tu* es en colère c'est légitime, lorsque *tu* es un gros con c'est même « rigolo », mais lorsque c'est moi qui ai besoin de creuser parce que quelque chose n'est pas serein ou pas ancré, là je deviens "casse-couilles" "chiante", je suis une « emmerdeuse », c'est un « retour en arrière » qui remet tout en question, et qui te met en rogne ? C'est deux poids/deux mesures, quand même…

9h25, vocal de Thibaud à Claire

Oui, c'est vrai et j'en prends conscience en t'écoutant : en effet ma réaction n'est pas la même, j'oublie très vite lorsque je suis chiant voire même je ne m'en rends pas compte, et pour plusieurs raisons...

D'abord, ma seule crainte aujourd'hui c'est que tu trouves toujours une bonne excuse pour que l'on ne vive jamais sous le même toit... Donc lorsque je reçois des messages scuds comme celui de lundi ou d'hier, j'ai peur de te voir « retourner en arrière » et que la possibilité de « nous ensemble un jour » s'éloigne de nouveau.
Donc je flippe, je me sens impuissant et comme « attaqué » par tes propos et ton attitude, je t'en veux de "remettre de l'huile sur le feu", ça me fout en rogne, je te taxe "d'emmerdeuse", je ne garde que ça et je te le reproche, et bien entendu je ne vois absolument pas que je le fais aussi à ma manière, régulièrement.

Et puis il y autre chose aussi. Même si je suis tout à fait au clair avec moi-même et avec mes côtés pénibles, lorsque je me vois agir en "gros con" par exemple, c'est mon père que je vois, et comme ça me fait un peu chier je zappe, j'oublie, je me trouve des excuses et j'adoucis le trait pour le rendre plus acceptable à mes propres yeux.

Toi tu te prends tout ça en pleine figure, c'est douloureux et ça te semble injuste, mais en réalité ça n'est jamais contre toi ni contre ce que tu es... Tu comprends ? Tu n'es plus sur un siège éjectable, bien sûr que non !
Je ne te demande rien d'autre que d'être toi-même, même quand tu flippes, même quand tu es injuste, même quand tu m'agaces ! J'aime que nous soyons imparfaits c'est la vraie vie, c'est top, c'est *vivant* !
Ne confonds pas « sérénité » avec « monde de Oui-Oui », ma chérie, ça te rappelle quelque chose ?

En revanche je ne vais pas te mentir, ce qui me frappe et m'inquiète dans ces derniers échanges, c'est que tu n'arrives toujours pas à être pleinement toi-même avec moi. Cela me donne le sentiment qu'il y aura toujours une peur de ceci ou de cela, quelque chose qui t'empêchera de te projeter avec moi, et je suis fatigué…

9h58, vocal de Claire à Thibaud

Tu as raison : à la fois je suis vraiment bien avec moi-même, j'aime toutes les facettes de qui je suis (même celle qui a besoin de creuser lorsqu'un pignon de pin reste coincé parce que je sais aujourd'hui que même si parfois c'est gonflant sur l'instant, c'est toujours bénéfique sur le long terme, pour moi, pour mes enfants, et évidemment pour nous deux aussi), et pourtant…
Pourtant je me sens encore tellement imprégnée de mes vieilles injonctions familiales : ne pas faire de vagues, ne pas faire d'histoires ni d'esclandres ni de « comédies » comme dirait ma mère, se comporter « correctement », être souriante, agréable, enjouée (mais pas trop non plus), prendre sur soi, faire bonne figure, être gentille, n'être jamais ni triste ni malheureuse ni en colère, au risque sinon d'être taxée de dépressive ou de psychologiquement instable.

Avec toi j'ai encore un peu l'impression de « *devoir* faire » ou « *devoir* être » parce que je redoute que certains aspects de ma personnalité te fasse perdre cette sérénité essentielle pour toi, que tu recommences à ne plus croire en nous et que tu appuies sur ce foutu bouton rouge…
J'ai parfois la sensation que ce que je dégage est comme « radioactif », alors je cherche désespérément à te rassurer pour te voir apaisé et heureux. Je panique, je suis maladroite, ça bouillonne dans mon cerveau comme dans une cocotte minute, les mots jaillissent dans tous les sens parce que je ne sais pas comment faire autrement, je dis des conneries, je parle trop… Et lorsque le volcan explose, toi ça te gonfle, ça t'effraie, tu mets de la distance et je finis sur le siège éjectable !

Je comprends aussi que tu aies encore des doutes sur mon envie de vivre avec toi, car factuellement le contexte n'a pas changé : mon fils reste ma priorité et bien que tu aies du mal à le voir et à l'admettre, toi non plus tu n'as pas de place aujourd'hui dans ta tête et dans ta vie pour autre chose que ta fille… C'est complètement normal et légitime, mais c'est une réalité : à ce jour je n'ai pas plus de place dans ta vie que toi dans la mienne…

Tu parles d'un « retour en arrière » qui semble dramatique et rédhibitoire, moi je vois surtout deux animaux effarouchés et sur le qui-vive, qui réagissent instinctivement au moindre faux-mouvement de l'autre (moi je scude, toi tu détales). Rien de plus, rien de moins…

Mercredi 12 février 2025

Dimanche dernier, Violette Dorange a bouclé son premier Vendée Globe. Dès 7h30 j'étais à l'avant-poste sur le « Virage Vio » avec ma banderole décorée de guirlandes lumineuses, et comme les dizaines de milliers de personnes autour de moi j'ai vibré, pleuré de joie et hurlé « VIOLEEEETTE !! » au passage de ce petit bout de femme pétillante, bouleversante et magnifique qui a remonté le chenal des Sables d'Olonne sur son joli bateau, rayonnante et émue, au milieu des « bravo ! », des « merci ! », des cornes de brume, des fumigènes et des feux d'artifice, dans une ferveur incroyable et indescriptible.

Et puis sur la route du retour, alors que j'avais encore des étoiles plein les yeux de ce moment magique que je venais de vivre, la tristesse m'a submergée d'un coup, comme si une bulle que j'avais refusée de voir venait d'éclater à l'intérieur de moi et se déversait dans un flot de larmes intarissable... L'épuisement, le vide intersidéral.

Depuis fin décembre avec Thibaud, c'est retour à la case départ : en reprenant notre histoire comme si tout était réglé et que nous pouvions enfin vivre ensemble, nous avons ravivé les déséquilibres, les manques, les peurs, la culpabilité, la tristesse, le besoin d'éloignement, le rejet l'un de l'autre...

En octobre c'est moi qui avais mis ce fameux coup de canif dans le contrat, avec les répercussions que l'on connaît. En décembre c'est bel et bien

Thibaud qui l'a balayé d'un revers de la main, me demandant d'oublier ce « contrat » comme s'il n'avait aucune valeur ni aucune utilité : « C'est bon, bien sûr qu'on est ensemble ! J'ai besoin de toi, on s'aime et on s'en fout de ce contrat à la con ! »
J'ai senti le danger, j'ai compris instinctivement que ce n'était pas une super idée, que c'était trop tôt, qu'on avait besoin de souffler après les mois chaotiques que nous venions de traverser, certes riches et intenses mais qui nous avaient tant secoués ! Nous étions vidés, fatigués, épuisés, nous avions besoin de calme, de respirer, de nous réapprivoiser l'un l'autre en douceur et en toute légèreté sans « être ensemble », sans commentaires ni prises de tête, en savourant simplement et sereinement les quelques moments que l'on s'offrait à deux comme à La Rochelle, sans attentes ni enjeux...

Je l'ai senti mais je n'ai rien dit : nous avions l'air heureux et je voulais y croire alors j'ai détourné le regard du redflag qui s'agitait devant mes yeux, tout en laissant l'inquiétude s'installer insidieusement dans mes tripes.

La machine a redémarré et en toute logique... s'est à nouveau enrayée : à contexte identique, conséquences identiques ! Nous étions toujours dans le même « non-quotidien », nous avions toujours aussi peu de temps à consacrer à l'autre, nous n'avions strictement rien fait évoluer depuis 6 mois...
Peu à peu nos peurs viscérales ont repris le dessus. Elles se sont réveillées, reconnues l'une l'autre, elles se sont répondues du tac au tac à la virgule près comme un vieux couple qui se connait par cœur ; habituées aux fonctionnements de l'autre elles y ont réagi au quart de tour...

Nous avons essayé de nous persuader que tout allait bien, que tout était toujours aussi léger, serein et joli. Chacun a pris sur soi pour donner le change, nous avons continué à sourire, à nous envoyer des mots tendres, à nous aimer, à « faire comme si », mais le cœur n'y était plus... Tout était redevenu triste et gris.

On avait beau s'être écoutés, compris, avoir identifié nos peurs ancestrales et avoir l'impression de s'en être libérés, on avait beau s'être enfin trouvés et reconnus, la situation, elle, était toujours la même, et en quelques semaines nous avons balayé toutes ces jolies choses que nous nous étions dites depuis septembre, tous ces partages, toutes ces libérations, nous avons saccagé notre amour... Un vrai carnage !

« Mais vous le faites exprès, c'est pas possible ! a semblé s'exclamer l'Univers. Vous avez TOUT compris mais RIEN changé à votre schéma actuel, or il-ne-fonc-tion-ne-pas ! On vous l'a déjà dit, vous le savez bien, non ?... »
Oui nous le savions mais nous avons refusé de voir les alertes, nous n'avons rien fait pour transformer notre non-quotidien incompatible avec notre amour, nous avons replongé direct dans nos vieux mécanismes et nous nous sommes crashés en plein vol.

J'aimerais que nous n'ayons plus le choix que de vivre ensemble sous le même toit, comme un nouveau confinement qui nous serait imposé, dans lequel il n'y aurait plus aucune place pour les blablas, les peurs ou les prises de tête, dans lequel chacun de nous oserait être pleinement lui-même, même triste, agaçant, maladroit, bougon ou en colère, sans le moindre impact sur l'autre...
Lorsque je me projette dans cette vie-là c'est une évidence, cela me fait sourire et me réchauffe le cœur.

Mais nous avons le choix...
Nous avons le choix de pinailler dès qu'un truc n'est pas parfait, et de fuir dès que ça ne va pas.
Nous avons le choix d'écouter nos petites peurs pathétiques et ridicules mais tellement puissantes, et de leur offrir le terrain fertile sur lequel elles s'épanouissent en toute liberté.
Nous avons le choix de laisser nos injonctions nous tétaniser.

Nous avons le choix de nous réfugier dans notre solitude tristement confortable, plutôt que de vibrer la vie à deux...

Jeudi 13 février 2025

14h30, conversation entre Claire et son fils Gabriel

- Tu pleures, maman ? Qu'est-ce qui ne va pas ?... C'est à cause de Thibaud, c'est ça ?
- Oui… C'est vraiment fini cette fois-ci, il n'y a plus rien à faire. Les peurs ont gagné, voilà, c'est comme ça…
- ?? C'est-à-dire ?
- C'est-à-dire que le contexte actuel ne changera pas donc c'est mort, on n'y peut rien.
- Bah… Si, en fait.
- Comment ça « si, en fait » ?
- Si, vous y pouvez quelque chose. Il suffit que vous vous installiez ensemble, là, maintenant, et c'est tout. Même si tu reviens à la maison pour ton travail ou lorsque que je suis là, désormais tu habites avec lui, et le problème est réglé. D'ailleurs ça devrait être fait depuis longtemps.
- Mais c'est trop tard, Gabriel, on ne se supporte plus, ça repart en sucette tous les quatre matins !
- Ça repart en sucette parce que vous ne vivez pas ensemble !
- Oui d'accord, mais là c'est foutu, Thibaud n'a même plus envie, il n'y croit plus, ça n'a plus aucun sens… Je ne vais pas m'installer chez lui alors qu'il ne veut plus de moi, c'est juste impossible !
- Bien sûr que c'est possible. One life !
- ??

- Ce n'est pas toi qu'il rejette, maman, c'est la situation : tu parles tu parles depuis des mois, tu brasses de l'air mais concrètement tu ne fais rien…

Il attend de toi quelque chose qu'il te sait capable de lui donner mais que tu ne lui donnes pas, ça fait des années qu'il attend mais qu'il ne se passe rien, donc c'est normal qu'il en ait marre et qu'il n'y croie plus.

Et toi tu n'as qu'une vie que tu es en train de gâcher juste parce que tu as peur que Thibaud te rejette, et comme tu as peur, bah tu ne fais rien, tu ne te bouges pas, du coup Thibaud constate que tu ne fais rien, il n'y croit plus, il te rejette, et voilà !
- …
- Donc « One life » : tu arrêtes de tergiverser, tu prends tes p'tites jambes et tes p'tites affaires et tu vas t'installer chez lui, c'est aussi simple que ça. Même si au début c'est compliqué, même s'il y a des couacs et des moments moins bien, même si tu as encore peur et que tu te sens vulnérable, tu le fais et c'est tout.

C'est la vie ou les peurs qui gagnent, maman ? Ce choix-là t'appartient, c'est TA décision. Et ça, c'est toi qui me l'as appris.

Je me fige, éberluée par les paroles de mon fils, abasourdie devant tant d'évidence et de certitude en si peu de mots.

J'avais désespérément attendu de ne plus avoir peur pour sortir le museau de mon terrier. J'avais donné à ma maison le pouvoir de me « protéger » de l'extérieur, mais ce n'était qu'une illusion de sécurité qui m'avait maintenue dans la solitude, le repli sur moi et le rejet de l'autre : moins j'osais sortir, plus j'étais terrifiée.

Peut-être que ce n'est pas si grave d'avoir peur, peut-être que c'est normal, que c'est humain, peut-être même que c'est plutôt bon signe : là où il y a des peurs il y a de l'amour, non ?

Ce qui est triste c'est d'avoir peur d'avoir peur, de ne pas croire suffisamment ni en soi ni en l'autre pour oser se montrer vulnérable et se livrer pleinement, de penser qu'on sera plus en sécurité seul et recroquevillé sur soi-même plutôt que dans les bras de l'autre.
Ce qui est triste, c'est de donner notre confiance et les rênes de notre vie à nos peurs et à nos réflexes de défense (fuir, attaquer...) plutôt que de se laisser guider par l'amour.

Parce qu'alors il n'y a plus rien de naturel, plus rien de spontané, on n'est plus soi-même, on « marche sur des œufs » comme dirait Thibaud.
Parce qu'alors on oublie le kif que l'on avait à aimer l'autre, à le savourer, à passer nos doigts sur son visage, à enfouir notre nez dans son cou ou à se blottir contre lui sur le canapé.
Parce qu'alors l'autre nous crispe, ne nous émeut plus, ne nous fait plus vibrer, ne nous fait plus sourire, on ne se voit plus, on ne se regarde plus, on ne se respire plus, il n'y a plus de frissons de savoir l'autre dans la même pièce, il n'y a plus de mains qui s'effleurent ni de regards qui se croisent, les mots du quotidien ne sont plus que des informations creuses échangées avec autant d'enthousiasme et de chaleur qu'un bulletin météo en plein cœur de l'hiver, on préfère rire aux échanges avec nos contacts Whatsapp qu'avec notre amoureux et l'on remplace la jolie photo de nous deux sur l'écran du téléphone par celle de notre chat.
Parce qu'alors la présence de l'autre devient radioactive, la relation devient toxique, tout devient « triste et gris », on oublie qu'un jour nous serons morts et qu'il sera trop tard pour s'aimer.

STOOOP !!!
Ma vie n'est pas « plus tard » elle est « maintenant », c'est elle que je choisis !

Je m'autorise à être Tout, le meilleur comme le pire car c'est cela qui me rend VIE-vante ! J'ai désespérément cherché à atteindre une « perfection » idéalisée et nourrie d'injonctions contre-nature, sans voir que tels que nous sommes nous sommes déjà « parfaits », au sens le plus universel du terme : de l'infiniment petit à l'infiniment grand, tout dans l'univers n'est qu'équilibre entre + et -, entre jour et nuit, entre pluie et sécheresse, entre chaos et douceur... A l'état naturel l'hiver est aussi bénéfique que l'été, et les ouragans, les incendies ou les pluies d'orage aussi créateurs que les eaux calmes des lacs ou le silence des forêts enneigées...

Il m'aura fallu 11 ans, 6 mois de chaos et 15 minutes de conversation avec mon fils pour le comprendre... Et le calme, enfin. Comme si, après avoir tourbillonné des mois durant dans la fureur de la tempête, me voilà projetée en son cœur lumineux et léger, tout ébahie d'avoir atterri là.

Tout est balayé d'un coup, loin derrière, il n'y a plus que nous et cette évidence qui me fait monter les larmes aux yeux en même temps qu'elle me fait rire. Je pense à tes mains si belles et intenses, à ta barbe touffue et drue, à tes ridules autour des yeux, à ta voix chaude et grave. Qu'y a-t-il de plus important que cela ? Comment ai-je pu laisser mon attention se poser ailleurs que là ?

Il n'y a plus de mots, juste la musique et nous, respirer enfin et laisser nos corps danser, dans l'œil du cyclone.

Est-ce le début de notre nouvelle vie, ou la fin d'une histoire magnifique qui ne laissera plus derrière elle que les parfums d'un joli souvenir ?
C'est une histoire d'Amour.

*****

Fais de la place dans ton dressing, mon amoureux, je prends mes p'tites jambes et mes p'tites affaires, et j'arrive !

Mercredi 19 février 2025

7h, petit-déjeuner

- Thibaud, je suis là depuis 3 jours mais je vois bien que ça ne va pas, que tu n'es pas « là », je le sens, je le sais… Tu m'expliques ?

- Oui… Une partie de moi est heureux que tu sois là mais une autre n'en a plus envie, comme si je n'étais prêt, que ça me mettait la pression ou je ne sais pas quoi…
Tout est trop compliqué en ce moment, entre nous deux mais pas seulement : je commence à prendre la mesure de ce que tu avais pressenti dès l'annonce du départ de Laurence mais que je me refusais à croire, à savoir l'impact vertigineux de la pleine et entière responsabilité de Rose sur mes épaules. Je n'avais pas imaginé que ça pourrait déclencher un tel bouleversement dans ma vie, et même si je vois bien que c'est excessif et que je me mets la pression tout seul, les faits sont là : ma priorité c'est ma fille, je n'ai de place pour rien ni personne d'autre, à peine pour moi d'ailleurs et c'est peut-être là, au fond, le cœur du problème…
Alors toi, nous, notre amour, nos peurs, tout ce chaos (certes indispensable mais épuisant !), je n'ai plus aucune bande passante pour ça, je suis désolé…

Tout est chamboulé et en déséquilibre dans ma vie, je n'arrive plus à y voir clair, je ne sais plus ce que je veux ni où je vais, je navigue à vue dans le brouillard, et je n'en peux plus !
J'ai besoin d'air, j'ai besoin de souffler, j'ai besoin d'être seul, de partir loin de tout et de tout le monde et qu'on me foute la paix. J'ai besoin de me retrouver, de cesser de me préoccuper de toi, de ma fille, de mon boulot, j'ai besoin de prendre soin de moi… Je n'attends plus qu'une seule chose : mon voyage dans les Pyrénées en juin, ces 15 jours de randonnée, seul, loin

de tous et de tout dans le silence de la montagne, et que ce bruit s'arrête enfin.

Ce n'est pas contre toi et j'insiste là-dessus car c'est indispensable que tu l'entendes et que tu ne te fasses pas tout un film : je n'ai aucun doute sur mon amour pour toi mais là tout est simplement « trop », ça fait des mois que je lutte et je n'y arrive plus, voilà, c'est tout. Tu comprends ?

- Oui je comprends, absolument.
  Go and see, my love...

Mercredi 11 juin 2025
Luz Saint Sauveur, Pyrénées

15h40, message écrit de Thibault à Claire

J'ai mieux dormi cette nuit, moins haché plus profond. Debout à 6h30, bien reposé mais j'avais un peu de tristesse pour la première fois, sans savoir quoi.
Comme je te l'ai dit, on est partis à deux avec l'un des deux mecs rencontrés hier soir, mais je sentais que ça ne m'allait pas. Dès la première montée, j'ai pris mon rythme, marché comme j'en avais envie sans me soucier de quoi que ce soit, ni d'Hervé, ni de tous les kilomètres qu'il allait falloir faire, ni de mon sac ni d'une éventuelle fatigue. Et puis je me suis aperçu rapidement que ma tristesse venait du fait que je n'étais pas tout seul. Je me suis donc rapidement senti mieux. Une montée physique, rythmée, le cardio qui monte, la transpiration aussi, l'envie de courir même. Bon, y'a minimum 11 kilos sur le dos, le terrain est assez accidenté, on se calme ! Mais j'avance ! Je me retourne, plus personne. J'ai mis de la distance entre moi et le reste du monde. Je peux prendre le temps de regarder, me poser face à ces paysages de dingue, des plateaux couverts de fleurs et d'herbes hautes, quelques rochers et l'altitude, un élément supplémentaire qui me sépare des autres. La sensation d'être seul, envie de rester là mais envie d'avancer. Il y a une étape au bout, une douche, mon petit linge à laver, une bière à boire avec une clope et mon bouquin. Et puis chaque jour j'ai une musique qui vient se glisser dans ma tête et qui me tient toute la journée. Ne me demande pas d'où elle vient, je ne sais pas. Mais elle est différente chaque jour. Aujourd'hui c'était la BO du film « Mon nom est personne ».
Les paysages défilent, tous magnifiques. J'aperçois quelqu'un au loin, elle ne m'a pas encore vu. Au moment où elle lève la tête, elle m'aperçoit et pousse

un cri de peur ! J'éclate de rire, je lui dis que tout est OK. On discute 5 minutes, elle va jusqu'à Gavarnie, une grande nana avec un joli accent anglais. Chacun reprend sa route, je traverse des forêts, des cascades. Et ce bruit permanent de l'eau qui coule fort. Je sais que j'ai une grosse distance de marche, je ne ralentis pas. Une barre céréales, de l'eau, beaucoup ! Déjà 2 litres depuis ce matin.

Et puis toi ! Toi, ton visage, ta présence. Une envie folle que tu sois avec moi, que l'on partage ces moments. Chaque couple que je croise, je nous vois, nous ! Là, je suis seul, je ne veux rien d'autre que ce que j'ai en face de moi, cette chance de vivre ce que je vis, là maintenant, et c'est toi que j'ai en tête. Une envie folle de te faire l'amour me traverse l'esprit. J'accélère ! Envie d'être arrivé, de t'écrire, de prendre une douche et me faire un petit plaisir avec toi. Te dire tout ça, tout ce qui me passe par la tête, de partager ce moment avec toi, même si je te l'impose, même si tu n'en a pas envie parce que ton esprit est ailleurs, te dire à quel point c'est évident, nous ! Te dire que je vois ces vieux couples et que c'est nous que je vois, maintenant et plus tard.

Je traverse des hautes herbes couvertes d'orties. Ça pique de partout, je ne gratte pas. J'avance !

Impossible de trouver le chemin. Je tourne en rond 5 minutes, vois des croix de GR partout. Pas par là, pas par là, là-bas non plus. Je rebrousse chemin, refait demi-tour et vois un marcheur au loin. Je le suis... et il disparaît. Bon Dieu il est où ce.... ah un petit chemin sur la gauche, caché par une voiture. C'est là. Je repars, rassuré.

Arrivé plus bas, c'est la route, le GR passe au milieu de tout ça. Pas une grosse route, mais une route quand même. Le mec est là-bas au loin. Je le suis, il doit aller au même rythme que moi, je ne le rattrape pas. Deux bons kilomètres de route, ça n'en finit pas. Et puis une flèche GR à gauche.

Je remonte dans la forêt. Toujours tout seul, je suis bien. Je réfléchis à quand m'arrêter pour ma pause déjeuner, il est 11h30. Je vais jusqu'au bout ? Et puis crac ! Premier coup de tonnerre, je flippe. Je lève le nez, vois des nuages noirs. J'accélère. Je ne suis jamais allé aussi vite. Et puis mes pensées reviennent à toi. Comment réagirait-elle ? Elle aurait peur sûrement, comme moi. Je ferai mon possible pour la rassurer mais sans effet je crois. Pas grave, je dois ralentir le rythme pour qu'elle me suive. Et puis être là, juste être là pour elle, pour moi. S'il pleut pas grave, si l'orage vient, on trouvera un abri. En attendant, je suis tout seul et je flippe.

Je vais vite, transpire beaucoup, le t-shirt orange est trempé. Pas envie d'orage, pas envie de pluie. Juste envie d'être arrivé. Je traverse une cascade, pas le temps de prendre une photo, dommage elle avait l'air belle. Le mec a totalement disparu. En même temps c'est gavé de montée et de descentes, de virage, de bois. Impossible de voir à plus de 100 m. Encore des herbes hautes, des orties, encore une forêt, une montée, le vent se lève, quelques rafales, ça sent la pluie. Encore le bruit de l'eau fort et régulier, un passage de cailloux, ça glisse un peu, un virage, une descente en forêt et puis plus rien. Un silence absolu, assourdissant. Une paix totale. Plus de vent, plus le bruit de l'eau. Mon cœur ralentit, mes jambes aussi. Je me sens serein, je sais que l'orage ne passera pas par moi. Je sais que c'est passé, qu'il ne se passera plus rien. Je regarde ma montre. 18 km affichés. Plus que 2 normalement. Bon, se sera 4 !

Le soleil revient, quelques gouttes tombent du ciel, je lève le nez. Un nuage noir, seul au milieu du bleu. « Va voir ailleurs si j'y suis » lui dis-je. Je sais que la journée de marche se termine. Une nouvelle journée va commencer.

En attendant, j'ai un caillou dans ma chaussure, un truc infime, ridicule. Je le sais, je le sens. Je m'arrête sur un rocher histoire de ne pas enlever mon sac. J'enlève ma chaussure, ma chaussette. Y a du monde là-dedans ! Et mon pied, pas vilain mais ces veines qui ressortent. On sent que tout va vers eux. Toute l'énergie, le sang.

J'arrive au terme. Encore un peu de marche. Quelques zigzags, un chemin qui longe la route en hauteur, des bancs de pierres, les deux traits du GR qui se suivent. Je le touche régulièrement, qu'il soit sur une pierre, un arbre, un poteau. Comme pour le remercier. Comme quand je remercie mon genou de ne pas me lâcher, de tenir le coup.

J'arrive sur un cimetière, j'aperçois au loin l'église juste à côté de mon logement. Un virage, une fontaine municipale avec de l'eau potable. Je remplis ma bouteille, je suis à sec. Je bois cul sec un demi-litre de cette eau fraîche. Encore 200 mètres et je pose mon sac. J'ai les épaules en vrac, j'ai faim, il est 13h30. Il y a un banc, juste au pied de la maison voisine dans laquelle je vais dormir. Il est à l'ombre, je m'y pose et déballe le pique-nique de l'auberge. Bon, c'est pas aussi local que ces derniers jours : salade

composée Saupiquet en conserve, mais attention, marque Repère de chez Leclerc.
J'enlève mes chaussures, chaussettes. Suis bien à l'ombre. Il n y a pas grand monde. Quelques cyclistes, quelques randonneurs, je suis sur le GR en plein centre de Luz. Je finis mon repas. Et l'envie revient, l'envie folle de t'écrire de te raconter. L'envie de pleurer en pensant comme je t'aime, comme j'ai de la chance de t'avoir dans ma vie. A quel point j'ai de la chance, que pas une fois tu ne m'as fait de commentaire sur ce voyage, à quel point tu comprends que j'en ai besoin. Tu aurais pu me dire ou sous-entendre que j'aurai pu consacrer ce temps libre à un voyage pour nous. L'envie n'a pas dû te manquer, mais tu n'as rien dit. Alors je me dis à quel point tu dois m'aimer pour comprendre cela et ne pas en discuter une seconde.
Ça doit faire 2 heures que je suis sur ce banc. 30 minutes de repas et le reste à t'écrire. Je pense que c'est une première pour moi.
Hervé est arrivé depuis 15 minutes, on a échangé deux mots. Je lui dis, je suis lancé, je ne m'arrête pas. Trop besoin de t'écrire, te raconter. Me vider même de tout ce que j'ai ressenti aujourd'hui en plus de cinq heures de marche.
Je ne relirai rien, je t'envoie ça brut avec toutes les fautes qui vont bien. Les employés municipaux sont toujours devant moi à s'occuper des bacs de fleurs. Hervé est parti boire un coup, je vais le rejoindre. Daniel vient de passer devant moi, il dort dans un camping un peu plus haut. C'était bien de passer du temps avec eux. Ce sera bien quand ils partiront de leur côté après-demain. J'ai besoin d'être seul mais prends plaisir à les voir. J'ai besoin de vivre ce moment pour moi, avec moi.
Et je sais aussi que tu me manques. Toi uniquement toi.
Je t'aime.